글쓰기는 싫지만 상은 받고 싶어

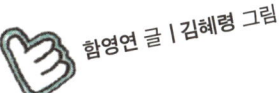
함영연 글 | 김혜령 그림

그린북

지은이의 말

생각을 키우는 글쓰기에 도전해 보세요

미국 최초의 흑인 대통령이었던 버락 오바마는 글솜씨가 뛰어났다고 해요. 대학생 문집에 시를 발표하는 문학청년이었고, 하버드 로스쿨에 다닐 때는 법률 학술지 편집장으로 활약했어요. 그 덕에 대통령이 되어서는 연설문을 잘 써서 국민의 마음을 사로잡았지요. 글 쓰는 능력이 대통령 업무를 수행할 때도 도움이 된 거예요.

'살아가는 데 가장 중요한 기술은 무엇인가?'라는 질문에 하버드 대학교 학생들은 글을 잘 쓰는 능력이라고 답했다고 해요. 글을 잘 쓰는 능력은 앞으로 더욱 중요해질 거예요. 창의적인 생각, 정확한 분석, 날카로운 비판, 논리적인 표현 능력에서 좋은 글이 나오기 때문이지요.

글을 많이 쓰면 생각을 키울 수 있어요. 무엇에 대해 쓸지 글감 정하는 것부터 생각해야 하니까요. 글감을 정한 다음엔 쓸 내용을 생각해야 하고요. 그러므로 글쓰기는 어린이들의 생각을 자라게 해 주지요. 요즘은 진득하게 생각하기보다 빨리 소통하기를 원하는 시대라서 글쓰기를 소홀히 할 수 있지만, 그럴수록 더욱 관심을 가져야 해요.

누구나 처음부터 잘할 순 없지만, 관심을 가지고 쓰다 보면 생각이 자라고 점점 더 잘 쓸 수 있을 거예요. 이 책을 읽고 글쓰기에 흥미를 느꼈다면, 글짓기 대회에 나가 실력을 발휘해 보세요. 어린이들이 참여할 수 있는 글짓기 대회가 많이 있거든요. 이 책에 나오는 '문화재 글짓기 대회'나 '방정환 어린이 백일장' 외에도 10월 9일 한글날을 기념하는 '한글 사랑 글짓기 대회', 10월 25일 독도의 날을 기념하는 '독도 사랑 글짓기 대회'도 있답니다. 친구들과 솜씨를 겨뤄 보는 경험만으로도 생각이 한 뼘 더 성장할 수 있을 거예요.

　이 책이 어린이들의 생각을 키우고 글솜씨를 길러 주는 길라잡이가 되기를 바랍니다.

어린이들을 언제나 응원하는
동화작가 **함영연**

차례

지은이의 말
생각을 키우는 글쓰기에 도전해 보세요 4

들어가는 이야기
글 잘 쓰는 애가 좋다고? 8

오늘 있었던 일 쓰기 13
　일기 특강 20

일상에서 글감 찾기 28
　생활문 특강 35

노래하듯이 쓰기 45
　동시 특강 50

책 속에서 길 찾기　56
독서감상문 특강　62

이해하기 쉽게 쓰기　70
설명문 특강　76

논리적으로 설득하기　84
논설문 특강　90

마음을 담아 쓰기　97
편지글 특강　101

여행을 되새기며 쓰기　107
기행문 특강　110

찬성이냐 반대냐　119
토론문 특강　123

맺는 이야기
우리가 글을 쓰는 진짜 이유　131

들어가는 이야기
글 잘 쓰는 애가 좋다고?

교실로 들어가던 슬비는 어리둥절했다. 창대가 우주와 다정하게 이야기를 나누고 있는 게 아닌가.

'둘이 저렇게 친했나?'

슬비와 창대는 유치원 때부터 지금까지 쭉 단짝으로 지내 왔다. 남자아이와 어떻게 단짝이냐고 할지 모르지만, 둘은 유치원 때부터 줄

곧 친하게 지내고 있다. 그런데 오늘은 창대와 우주가 단짝처럼 느껴졌다.

"또 상 받았다며?"

창대가 우주에게 말했다.

"응, 어린이 문화재 글짓기 대회에서 받았어."

우주가 어깨를 으쓱했다.

"글 잘 쓰는 네가 부러워. 작가라고 해도 되겠어."

"작가? 듣기 좋은걸. 이번에도 백일장에 나갈 거야."

우주는 자신만만한 표정이었다. 학교 게시판에서 본 방정환 어린이 백일장을 두고 말하는 것 같았다. 둘이서 무슨 말을 더 하는지 슬비는 계속 듣고 있었다.

"어떻게 하면 글을 잘 쓸 수 있냐?"

창대의 눈빛은 부러움으로 가득했다. 그 모습이 못마땅해 흘겨보고 있는데 창대와 눈이 딱 마주쳤다.

그 순간, 슬비는 저도 모르게 말이 튀어나갔다.

"나도 이번에 그 백일장에 참가하기로 했어. 방정환 어린이 백일장!"

"너도?"

창대가 못 믿겠다는 표정으로 묻자 슬비가 더욱 큰소리를 쳤다.

"왜? 나도 자신 있어!"

"잘됐다. 혼자 나가기 심심했는데."

슬비의 속도 모르고 우주가 반겼다.

"와! 누가 상 받을지 궁금한걸."

"상 받아 오면 축하해 줄 거지?"

창대와 우주가 주고받는 말을 듣고 있으니 오기가 생겼다.

"나도 받아 올 거니 축하해 줘."

"당연하지. 축하는 내게 맡겨. 난 글 잘 쓰는 아이가 좋더라. 둘 다 기대할게."

창대가 손을 들어 보이며 제자리로 간 뒤로 그 말이 내내 슬비의 귀에 쟁쟁 맴돌았다.

'글 잘 쓰는 아이가 좋다고?'

학교를 마친 슬비는 집으로 오자마자 엄마에게 말했다.

"엄마, 엄마! 나도 글 쓰고 싶어요."

엄마는 무슨 일이냐는 듯 슬비를 물끄러미 보았다.

"정말이에요!"

"우리 슬비가 웬일일까? 글쓰기에 관심을 갖고. 너, '글로 노는 모임'이라고 들어 봤니?"

엄마의 말에 호기심이 생긴 슬비가 되물었다.

"그게 뭐예요?"

"너처럼 글쓰기에 관심 있는 아이들이 가는 곳이야. 어린이·청소년 문화센터에 있는데, 글을 쓰면 멘토 선생님이 도움말을 주신대. 하고 싶다면 등록해 줄게. 정해진 요일 없이 시간만 맞춰서 가면 된다더라."

그러자 슬비는 이번 기회에 정말로 우주처럼 백일장에 나가서 상을 타 보고 싶었다. 그래서 엄마가 더 말하기도 전에 큰소리로 대답했다.

"네, 좋아요. 해 볼래요!"

오늘 있었던 일 쓰기

　온라인 등록을 마친 후 슬비는 문화센터로 향했다. '글로 노는 모임'은 정해진 요일에 가는 것이 아니라서 자유로웠다. 또 공부가 아니라 글로 노는 모임이라고 하니 부담이 덜했다.
　교실에 들어서니 멘토 선생님이 반겨 주었다. 다정하고 인자한 모습이었다.
　"안녕하세요?"
　"어서 와라. 오늘 처음이지? 유익한 시간이 되기를 바란다."
　"선생님, 모임 이름이 너무 길어요. '글노모'라고 줄여서 불러도 되죠?"

선생님은 예상했다는 듯이 말했다.

"좋아! 다른 아이들도 그렇게 부르고 있단다."

"글로 노는 모임인데 왜 아이들이 없어요?"

슬비의 궁금증에 선생님은 벙긋 웃으며 덧붙였다.

"친구들과 노는 모임이 아니라 글로 노는 모임이잖니. 아이들이 있을 때도 있고 없을 때도 있어. 자유롭게 오는 곳이니까. 곧 아이들이 올 거야."

그제야 슬비는 멘토 선생님의 말이 이해되었다. 글로 노는 모임 시작은 오후 2시, 3시 30분, 5시라고 했다. 그중에 자유롭게 오면 되는 거였다.

"선생님, 전 정말 글을 잘 쓰고 싶어요. 5학년 인생이 걸린 일이에요!"

슬비는 솔직하게 마음을 털어놓았다.

"5학년 인생? 호호호, 심오한 말이네. 알았어. 세 가지를 꾸준히 하면 글을 잘 쓸 수 있지."

"그게 뭔데요?"

슬비의 눈이 빛났다.

"많이 읽고, 많이 생각하고, 많이 써 보는 거야."

"에이, 그런 말은 누가 못 해요?"

"내가 아니라, 중국의 구양수가 한 말이란다."

그 말이 끝나자마자 아이 둘이 들어왔다.

"연아야, 시온아, 어서 와라. 여기는 오늘 새로 온 남슬비고, 5학년이란다."

선생님이 슬비를 소개해 주었다.

"안녕?"

인사를 한 아이들이 원고지를 꺼내자 선생님이 제안을 했다.

"그럼, 오늘 있었던 일부터 써 볼까?"

"일기 말이에요?"

슬비는 내키지 않았다. 일기는 학교에서도 일주일에 두 번은 쓰고 있기 때문이었다.

"슬비야, 글을 잘 쓰고 싶다고 했지? 일기는 모든 글쓰기의 기본이란다."

그 말에 창대가 우주를 부러워하며 다정하게 웃던 모습이 생각났다.

"아, 안 돼!"

슬비는 저도 모르게 머리를 감쌌다. 5학년 인생에 최대 걱정거리와 맞닥뜨린 것이다. 유치원 생일파티 때 창대는 슬비와 결혼하겠다고 했다. 볼에 뽀뽀를 하기도 했는데, 요즘 창대의 관심을 끄는 우주가 갑자기 나타난 것이다. 글을 잘 쓰는 우주!

슬비는 마음을 다잡고 오늘 있었던 일을 쓰기 시작했다.

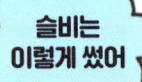

속상해!

학교에 가니 창대가 우주와 이야기를 하고 있었다. 너무 다정해 보였다. 창대는 나와 가장 친한 친구다. 유치원 때부터 지금까지 잘 지내고 있고, 엄마들도 친한 사이다. 그런데 창대는 글을 잘 쓰는 우주가 부럽다고 한다. 나와 가장 친하다고 생각한 창대가 이제는 우주와 더 친한 것 같다.

저번에 엄마들이 만날 때도 따라 나가서 창대와 같이 놀았다. 딸기 셰이크와 케이크도 먹었다. 창대가 게임을 하고 싶다고 해서 같이 피시방에도 갔다.

선생님이 수학 시간에 문제를 풀라고 했다. 문제가 어려웠다. 그래도 풀려고 노력했다. 학교를 마치고 집으로 왔다. 이제부터 나도 글을 잘 쓰고 싶다.

"끝!"

슬비가 두 손을 위로 뻗었다.

"어떻게 썼나 볼까?"

"읽으실 거예요?"

"보는 게 싫으면 읽지 않을게."

"아니에요. 보셔도 돼요. 이 정도면 잘 쓰는 거죠? 그죠?"

슬비는 글을 잘 쓰고 싶은 마음에, 멘토 선생님 앞으로 일기를 내밀었다.

'백일장 가서 나도 상 받을 거야. 반드시!'

슬비가 쓴 글을 다 읽은 선생님이 물었다.

"일기는 그날 있었던 일 중에, 기억에 남는 한 가지를 선택해서 쓰는 건 알지?"

"당연하죠."

"글을 잘 쓰고 싶은 마음을 나타내려고 한 것 같네. 그런데 한 가지 글감을 일관성 있게 쓰지 않고 곁길로 갔구나. 일기를 잘 쓰면 다른 글도 잘 쓸 수 있단다."

멘토 선생님이 일기에 대해 설명해 주었다.

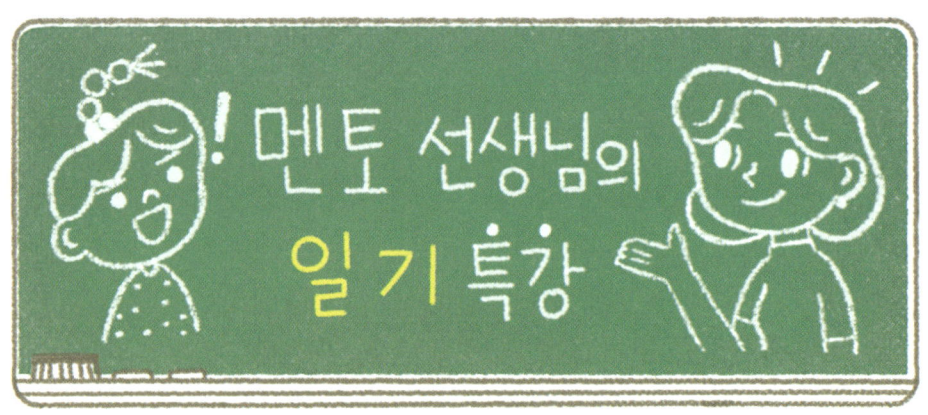

1. 일기란?

하루 동안 실제로 겪은 일을 생각과 느낌을 담아 솔직하게 쓰는 글이야. 그날 있었던 일을 모두 쓰는 게 아니라 한 가지 사실을 선택해야 해. 널리 알려진 일기로는 이순신 장군의 《난중일기》, 김구의 《백범일지》, 안네 프랑크의 《안네의 일기》 등이 있는데, 모두 소중한 역사적 기록이 되었지. 또 1967년에는 초등학생이 쓴 일기가 《저 하늘에도 슬픔이》라는 책으로 출판되고, 영화로도 만들어지며 당시 우리나라를 대표하는 작품으로 남았단다.

2. 왜 써야 할까?

- 하루를 반성할 수 있다.

일기를 쓰려면 먼저 하루를 되돌아봐야 해. 잘한 일, 잘못한 일, 실수한 일도 있겠지. 잘한 일은 더욱 잘하도록 하고, 잘못하거나 실수한 일은 반성하며 반복되지 않도록 해야겠지. 중국의 맹자도 하루에 세 번은 반성해야 한다고 했어.

- **의미 있는 일을 기록할 수 있다.**

  하루 중에 중요한 일을 쓰기 때문에 시간이 흐른 뒤에도 뜻깊은 기록이 될 거야.

- **글감이 풍부해지고 글 쓰는 힘을 기를 수 있다.**

  일기를 쓰기 위해 중요한 글감을 고민하고 선택하는 동안 글 쓰는 힘도 함께 길러진단다.

- **생각하는 힘을 기를 수 있다.**

  자신이 한 일에 대해 생각하며 글을 쓰다 보면 생각하는 힘도 점점 자랄 거야.

3. 어떻게 쓸까?

- 가장 기억에 남는 한 가지 글감을 선택해서 쓴다.
- 거짓 없이 솔직하게 쓴다.
- 겪은 일에 대한 생각과 느낌을 자세하게 쓴다.
- 장면을 구체적으로 묘사하며 쓴다.

4. 이렇게 써 보자!

- 한 가지 글감으로 제목을 붙인다.
- 일이 일어난 순서를 고려한다.
- 생활문 형식으로 쓸 때는 대화를 넣는다.
- 시, 기행문, 독후감, 편지 등 여러 가지 형식으로 쓴다.
- '나는', '오늘은' 등의 말은 되도록 넣지 않는다.
- '그리고', '그런데', '그래서'와 같이 잇는 말은 꼭 필요할 때만 쓴다.

 친구들은 이렇게 썼어

탐정 엄마

김연아(3학년)

20xx년 x월 x일 토요일, 날씨 : 햇볕 쨍쨍한 날

우리 가족은 모래내 시장에 갔다. 그곳에서 아빠는 필요한 물건을 샀다. 그리고 생활용품점도 갔다. 나는 퍼즐을 사고 인형 고리도 샀다.

"점심 먹고 들어갈까?"

아빠 말에 우리는 좋다고 했다. 감자탕 집에서 점심을 먹었다. 식당에는 사람들이 많아서 시끌시끌했다. 엄마는 조용히 먹는 곳이 아니라서 아쉽다고 했다.

"맛있으면 됐지, 안 그래?"

아빠가 나를 보고 웃으며 말했다. 나는 고기를 입에 넣으며 고개를 끄덕였다.

우리 가족은 맛있게 먹고 주차해 놓은 곳으로 갔다.

그때 갑자기 아빠가 뭘 찾았다. 주머니를 다 뒤지고 있었다.

"아빠, 왜요?"

궁금해서 여쭤보았다.

"이상하다, 차 열쇠가 안 보여."

차를 타고 집에 가야 하는데, 차 열쇠를 잃어버린 것이다.

"식당에 가 보자."

엄마는 서둘러 식당으로 갔다. 우리가 앉은 자리에는 아무것도 없었다. 엄마는 테이블 밑에 있는 쓰레기통도 뒤져 보았다. 없었다.

"차 열쇠가 나오면 알려 주세요."

엄마는 식당 주인에게 부탁하고 나왔다.

"참, 봉지!"

엄마가 말했다. 우리는 들고 있는 봉지를 열어 보았다. 그곳에 차 열쇠가 있었다.

"엄마는 탐정 같아요."

얼마나 기쁘던지 그 말이 저절로 나왔다. 내 말에 다들 웃었다. 엄마 덕에 우리 가족은 무사히 집으로 올 수 있었다.

20xx년 x월 x일 월요일, 날씨 : 흐린 뒤 맑음. 미세먼지 많음.

교실에 들어서니 창대가 보였다. 창대는 우주와 다정하게 이야기를 하고 있었다. 여느 때 같으면 손을 들어 반길 텐데, 기분이 이상했다.

"우주야, 글짓기 대회에서 또 상 받은 거야?"

창대가 놀라고 있었다.

"응, 이번에도 백일장 나갈 거야. 상 받으면 축하 기념으로 맛있는 거 먹자."

우주가 말했다.

"나야 좋지."

창대의 입이 벙그러졌다. 마치 둘이 단짝이라도 되는 것처럼 보였다. 나는 창대와 우주가 단짝이 되는 게 싫었다. 그래서 나도 모르게 말이 튀어나갔다.

"나도 그 백일장 나갈 거야."

"정말?"

창대의 눈이 둥그레졌다.

"그래. 나도 상 받아 올 거야."

나는 큰소리를 탕탕 쳤다.

나는 창대와 유치원 때부터 단짝이다. 그런데 5학년이 되어 우주 때문에 우정이 흔들리고 있다. 나도 글쓰기 실력을 키워서 창대와 오래도록 단짝으로 지내고 싶다. 그러기 위해 오늘부터 글쓰기 연습을 하기로 했다. 선생님은 글을 잘 쓰려면 세 가지를 많이 해야 한다고 한다. 많이 읽고, 많이 생각하고, 많이 써 보기!

창대와 우정을 이어 가기 위해서라도 백일장에 참가해서 꼭 상을 받고 싶다.

✨ 슬비의 한마디 ❗

일기를 쓰니 오늘 하루 있었던 일을 생각하게 되는구나.
한 가지 글감을 정해서 쓰니까 예상보다 어렵지 않았어.
또 속상한 일을 솔직하게 쓰고 나니 마음이 조금 풀리는 것 같아.
내일은 어떤 하루가 될까?

일상에서 글감 찾기 　생활문

슬비는 달력에서 5월 5일에 동그라미를 그렸다. 백일장 날이다. 그날까지 글쓰기 연습을 해서 꼭 상을 받으리라 다짐했다.

"안녕? 학교 잘 다녀왔니?"

글노모에 가니 멘토 선생님이 반겨 주었다.

"네. 오늘은 뭘 쓸 거예요?"

슬비는 앉자마자 물었다.

"글을 쓰려면 먼저 글감을 모아야 해. 옷감으로 옷을 짓는다면 글감으로는 글을 짓지. 그러니 글감을 모아 봐. 관심을 가지고 살펴보면 주위에 많이 있단다."

멘토 선생님이 활동지를 나눠 주며 말을 덧붙였다.

"평소에 글감을 메모하는 습관을 가지면 더욱 좋아."

"그런데 선생님, 글짓기 대회를 글쓰기 대회라고 하는 곳도 있어요. 글짓기와 글쓰기가 다른 거예요?"

슬비가 대회 공고를 보며 궁금했던 것을 묻자 선생님이 설명해 주었다.

"응, 글짓기는 나만의 생각을 더해 창의적으로 글을 짓는 것을 말한단다. 예를 들어 '밥을 짓다. 집을 짓다. 글을 짓다'처럼 말이야. 글쓰기는 있는 사실 그대로, 꾸미지 않고 쓰는 걸 말해."

"아, 알겠어요."

"슬비야, 도자기 만드는 사람은 도자기를 잘 만들려고 노력하는 사람에게 관심이 가겠지? 선생님도 열심히 글을 짓고, 쓰는 사람에게 마음이 가더라."

멘토 선생님은 슬비가 글짓기를 위해 노력하는 모습을 격려해 주었다.

그때 아이 둘이 들어왔다.

"선생님, 안녕하세요?"

선생님이 반갑게 반겨 주며 말했다.

"얘들아, 서로 인사해라."

"안녕? 난 5학년 슬비야."

"난 6학년이고, 도혁이야."

"난 3학년 수빈이라고 해."

정해진 시간 없이 자유롭게 오가는 글노모에서는 여러 아이들을 만날 수 있었다. 덕분에 슬비도 창대와 우주 생각에서 잠시나마 벗어날 수 있었다. 다른 친구들을 만나는 것만으로도 기분이 나아지는 게 신기했다.

"오늘은 생활하면서 있었던 일을 써 볼 거야. 먼저 글감들을 모아 볼까?"

선생님이 도혁이와 수빈이에게도 활동지를 주었다. 슬비는 학교, 집, 학원에서 있었던 일들을 생각해 보았다. 잔소리, 심부름, 숙제, 여행, 발표, 칭찬 등이 줄을 이었고, 친구들과 있었던 일도 떠올랐다.

그때 불쑥 창대와 우주가 생각났다.

'으윽……!'

"오늘은 너희들이 쓴 글감 중에 하나를 선택해서 생활문을 써 보자. 일기와 비슷해. 생활하면서 보고, 듣고, 겪은 일 중에 기억에 남는 것을 쓰면 되거든. 글감에 생각을 넣어 솔직하게 써 보자."

멘토 선생님의 말이 끝나자 슬비는 활동지에 쓴 글감 중에서 생일 파티에 대해 쓰기로 했다. 갑자기 속에서 울화가 치밀었다.

> 슬비는 이렇게 썼어

진짜 이유

　학교에 가니 창대가 생일파티에 올 거냐고 물었다. 초대장은 며칠 전에 받았다. 나는 당연히 가야 하는 거 아니냐고 말했다. 창대는 우주에게 가더니 꼭 오라고 했다. 우주도 가겠다며 방글거렸다. 기분이 이상했다. 마치 우주가 창대의 단짝처럼 느껴졌다. 창대와 나는 유치원 때부터 지금까지 친구니 단짝은 나라는 생각을 하며 기분을 털어 냈다.

　학교를 마치고 생일파티 시간에 맞춰 창대네로 갔다. 창대 엄마가 맛있는 음식을 차려 놓고 기다리고 있었다. 생일 케이크에 촛불을 켰다. 아이들이 창대에게 소원을 빌라고 했다. 좋은 친구와 잘 지내게 해 달라고 기도하라고 창대 엄마가 말했다. 그때 우주가 창대와 잘 지낼 거라고 말하며 방싯 웃었다. 촛불을 끈 창대는 자기 엄마에게 글짓기를 잘해서 상을 받은 애가 우주라고 소개했다. 창대 엄마는 흐뭇한 표정으로 우주를 보았다. 마음이 불편했다. 잘못하다간 우주에게 단짝 자리를 내 줄 것 같은 불안감이 몰려왔다. 그래서인지 나는 웃기지도 않는 일에 소리 내서 웃었다. 또 재미없는 말에도 재미있다고 손뼉을 쳤다.

우주가 나를 보더니 뭘 잘못 먹었냐고 물었다. 기분이 나빠져서 우주에게 눈을 흘겼다. 창대는 내 생일인데 왜 그러냐고 얼굴을 찌푸렸다. 나는 그곳에 더 있기 싫었다. 그래서 집으로 가겠다고 하고 나왔다. 엄마는 왜 그리 빨리 왔냐고 물었다. 나는 아무 일 아니라고 말하고 방으로 들어갔다.

나는 왜 화가 났는지 생각해 보았다. 내가 창대와 단짝이란 걸 아는 아이들은 다 안다. 남자아이라서 이상해하는 아이들도 없다. 유치원 때부터 5학년 때까지 친구고, 엄마끼리도 친해서 가족끼리도 어울리고 있다. 그런데 우주가 같은 반이 되면서 창대와 멀어질까 봐 불안하다. 우주에 대해 화가 나는 게 아니라, 우주에게 관심을 보이고 있는 창대가 얄미운 게 진짜 이유였다. 앞으로 어떻게 지내게 될지 걱정이다.

멘토 선생님이 슬비의 글을 찬찬히 읽었다.

"슬비는 창대와 단짝이라고 생각하는데, 창대가 우주와 친하니 속상한 거구나."

"네, 선생님. 그래서 우주를 보면 막 짜증이 나요."

슬비는 한숨이 나왔다. 5학년이 되어서 이런 고민을 하게 될 줄은 몰랐다.

"겪은 일을 잘 썼네. 그런데 대화를 넣어 쓰면 좋겠어. 그러면 더욱 실감 날 거야."

"아, 그래요?"

슬비는 멘토 선생님의 말을 새겨들었다.

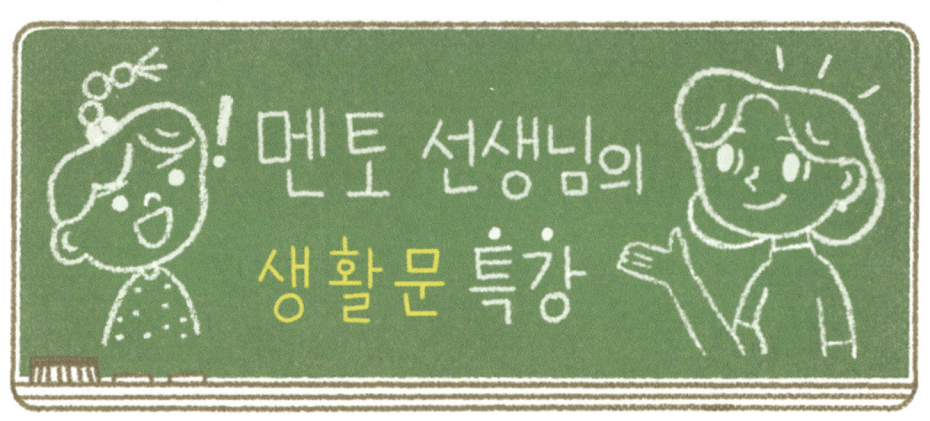

1. 글감을 찾아라!

생활문은 우리가 살면서 듣고, 겪은 일을 솔직하게 쓴 글이야. 생활문을 쓰기 위해서는 먼저 글감을 찾아야 해. 좋은 글은 좋은 글감에서 나온단다. 글감은 우리 삶 곳곳에서 찾을 수 있지. 나, 가족, 친구, 동물, 식물……. 일상은 늘 똑같고, 날마다 봐서 다 아는 것들이라고? 정말 그럴까? 글감을 찾으려면 관심을 갖고 봐야 돼. '관심의 눈'으로 보면 새로운 것을 찾을 수 있어.

2. 어떻게 쓸까?

- **솔직하게 쓴다.**

  아무리 잘 쓴 글이라도 꾸며 쓰면 자연스럽지 않고 어색한 글이 되잖아. 또 진실하지 않으면 감동을 느낄 수 없어.

- 한 가지 글감으로 쓴다.

    중간에 엉뚱한 내용이 나오면 글의 집중력이 떨어져.

- 생동감 있고, 실감 나게 대화문을 넣어 쓴다.
- 알맞게 끊어서 쓴다.

    한 문장이 너무 길면 읽기 불편해. 또 무슨 말을 하려고 하는지 뜻을 파악하기 힘들어.

- 반복되는 말은 쓰지 않는다.

    같은 말을 반복하면 지루하고 재미가 떨어져.

- 문단을 나누어 쓴다.

    시간, 장소, 장면, 내용 등이 바뀔 때 문단 나누기를 해야 해.

3. 시작은 이렇게!

- 대화로 시작하기

    "오늘도 또 가야 해?"

    엄마의 말에 나는 놀라서 물었다.

- 설명으로 시작하기

    오늘은 우리 학교 개교기념일이다. 개교기념일은 학교가 처음 문을 연

날이다. 예전에 우리 학교 터는 얕은 산등성이였다고 한다. 그래서 지금도 학교를 가려면 언덕을 올라가야 한다.

- 시간으로 알리기

  일주일 전의 일이다. 엄마 심부름을 가다가 깜짝 놀랐다. 고양이가 내 앞을 지나가다가 나를 빤히 쳐다보는 것이다.

 친구들은 이렇게 썼어

시골 할머니 집

이수빈(3학년)

"내일 할머니 뵈러 갈 거야."
"와, 신난다!"

엄마, 아빠의 말에 나는 좋아서 팔짝팔짝 뛰었다. 시골 할머니 집에 세 달 만에 간다. 언젠가 너무 가고 싶어서 떼를 부렸다. 그때 혼이 나서 하루 종일 방 안에서 나오지 않고 고집을 부린 적도 있다. 그런데 부모님이 먼저 시골집에 간다고 하니 잠이 오지 않았다.

시골집이라고 부르는 그곳은 많은 추억을 품고 있는 내 비밀 장소이다. 내가 어릴 때 살던 집, 나에게 기쁨과 행복을 주었던 곳……. 벌써부터 마음이 설렌다.

나는 일찍 일어나서 동생을 챙겼다. 엄마는 "우리 수빈이 아주 신이 났구먼." 하고 볼을 잡아당겼다.

아빠랑 같이 가는 차 안에서 창문 너머로 보이는 모습들이 새로웠다. 나는 창밖으로 고개를 내밀고 두리번거리기 시작했다. 시골집 가는 길은 많이 변해 있었다. 길은 콘크리트로 포장되어 있었다. 예전에 이 길을 아빠랑 동생이랑 맨발로 달렸는데.

"엄마, 여기가 어디야? 할머니 집은 어디에 있어?"

"응, 바로 저기잖아."

엄마가 가리킨 곳은 내가 기억하는 할머니 집이 아니었다. 이사를 한 것이다.

시골집은 마을 앞뒤에 논과 밭이 있고, 개울이 흐르고, 과수원이 있었다. 고모도 그곳에서 자라서인지 나물 박사였다. 나를 데리고 산에 가서 고사리 꺾는 방법을 가르쳐 주고, 취나물도 같이 뜯었다. 그러면 할머니께서 치킨보다 맛있는 음식을 만들어 준다면서 들기름에 나물을 무쳐서 주시곤 하셨다. 엄마, 아빠는 새로 단장한 집이 마음이 드는지 기뻐하셨다. 그렇지만 난 마음이 허전해서 발걸음이 무거웠다.

시골집 대문을 밀고 '삐그덕' 하는 소리를 들어야 기분이 좋은데, 자동으로 열리는 문이 너무 낯설었다.

"엄마, 할머니 집이 왜 여기야?"

엄마는 할머니가 사시는 곳이 개발 지역이 되어서 위쪽으로 이사 왔다고 하셨다. 마을에 들어서기 전에는 길이 파이고, 여기저기 공사 중이었던 것이 기억났다. 길가에 꽃들이 피어 있지 않으니 무척 낯설었다.

　나는 부모님께서 직장 생활을 하셔서 어릴 때 할머니 집에서 생활했다. 부모님과 떨어져 있어서 우울하고 슬펐다. 하지만 시골집 마당에서 흙을 파고, 여기저기 풀들을 뜯어서 다시 심는 놀이 덕분에 잘 지낼 수 있었다.

　그때 친구가 되어 준 진이는 옆에 앉아서 내가 심은 풀을 뽑아내고 나무들을 가져와서 심었다. 우리는 얼굴에 흙이 묻고 옷이 더러워져도 웃고 장난을 쳤다. 겨울에 눈이 오면 비닐 미끄럼을 타고 놀았다. 그러나 이사한 할머니 집에서는 그런 놀이를 할 수 없다.

　내가 좋아하는 시골집이 없어지고, 내가 좋아하는 흙길이 없어져서 안타까웠다. 어른들은 "흙길을 걸어야 풀과 이야기할 수 있고, 건강에 좋고 기분도 아주 좋아진단다." 말씀하신다. 그런데 왜 여기저기 흙길을 파헤치고 건물을 세우는지 이해할 수 없다.

　이제 나의 시골집은 추억 속에 있다. 추억을 떠올리며 그리워하는 일이 생기지 않도록 예전 모습 그대로 놔두면 얼마나 좋을까?

슬비가 고쳐 썼어

진짜 이유

"너, 오늘 올 거지?"

학교에 가니 창대가 물었다. 생일 초대장은 며칠 전에 받았다.

"당연히 가야 하는 거 아니니?"

그렇게 대답했다. 창대가 이번에는 우주에게 가더니 말했다.

"오늘 꼭 와."

"알았어."

우주가 방긋 웃으며 대답했다. 기분이 이상했다. 마치 우주가 창대의 단짝처럼 느껴졌다. 창대의 단짝은 나라는 생각을 하며 기분을 털어 냈다.

학교를 마치고 생일파티 시간에 맞춰 창대네로 갔다.

"어서 오렴."

창대 엄마가 맛있는 음식을 차려 놓고 기다리고 있었다. 생일 케이크에 촛불을 켰다. 우리는 생일 축하 노래를 불러 주었다.

아이들이 창대에게 말했다.

"어서 소원을 빌어."

그러자 창대 엄마가 말했다.

"좋은 친구와 잘 지내게 해 달라고도 기도하렴."

그때 묻지도 않았는데 옆에 앉은 우주가 말했다.

"저는 창대와 친하게 지낼 거예요."

"엄마, 내가 말했지? 얘가 글을 잘 써서 상을 받은 우주야."

창대가 우주를 소개했다. 창대 엄마가 흐뭇한 표정으로 우주를 보았다. 마음이 불편했다. 잘못하다간 우주에게 단짝 자리를 내줄 것 같은 불안감이 몰려왔다. 그래서인지 나는 웃기지도 않는 일에 소리 내서 웃었다. 또 재미없는 말에도 재미있다고 손뼉을 쳤다.

"뭘 잘못 먹었니?"

우주가 나를 보며 물었다. 기분이 나빠져서 눈을 흘겼다.

"내 생일인데, 왜 그러니?"

창대가 얼굴을 찌푸렸다. 나는 친구들과 어울리는 게 불편해서 자리에서 일어났다.

우주가 물었다.

"가려고?"

"엄마가 빨리 오라고 했어."

나는 엄마 핑계를 대고 나와 집으로 터벅터벅 걸어갔다.

엄마가 물었다.

"벌써 끝났니?"

"그냥 일찍 왔어요."

퉁명하게 말하고 방으로 갔다.

나는 왜 화가 났는지 생각해 보았다. 내가 창대와 단짝이란 걸 아는 아이들은 다 안다. 남자아이라서 이상해하는 아이들도 없다. 유치원 때부터 친구고, 엄마끼리도 친해서 가족끼리도 어울리고 있다. 그런데 우주가 같은 반이 되면서 창대와 멀어질까 봐 불안하다. 우주에 대해 화가 나는 게 아니라, 우주에게 관심을 보이고 있는 창대가 얄미운 게 진짜 이유였다. 앞으로 어떻게 지내게 될지 걱정이다.

슬비의 한마디

관심을 갖고 보니 조금씩 다르게 보여. 창대랑 멀어질까 봐 불안한 거지. 사실은 우주에게 화가 나지 않았다는 것을 덕분에 알게 되었어. 내 마음도 '관심의 눈'으로 잘 살펴봐야겠다.

노래하듯이 쓰기 — 동시

"슬비가 오늘은 첫 번째로 왔네."

멘토 선생님이 교실로 들어서는 슬비에게 말했다. 시작하려면 아직 20분 여유가 있었다.

"선생님, 글쓰기를 많이 하면 실력이 늘겠죠? 이번 백일장에 나가 상을 받고 싶거든요."

슬비가 결심을 보였다.

어제였다. 공부를 마치고 가방을 싸는데 창대가 우주와 같이 교실을 나가고 있었다. 슬비도 얼른 가방을 메고 소리쳤다.

"같이 가!"

나도오 같이 가샤!

"너도 도서관에 가려고?"

창대가 돌아보며 말하는 순간, 우주가 말을 이었다.

"나, 도서관 들렀다 갈 건데, 같이 가려면 가."

대답을 궁리하는 슬비는 안중에도 없는지 창대가 우주에게 말했다.

"너는 어쩌면 책을 그렇게 많이 읽니?"

"얼마나 재미있는데. 나는 책 없는 세상은 상상할 수도 없어."

"와, 그래서 네가 공부도 잘하고 글짓기도 잘하나 봐."

창대가 감탄을 했다.

슬비는 그 상황에서 도서관에 가지 않는다고 할 수 없었다. 도서

관에서 이 책 저 책 들춰 보던 슬비는 결국 재밌어 보이는 학습만화 책을 빌려 왔다.

"결심이 단단한 걸 보니 좋은 결과가 있을 것 같구나."
멘토 선생님의 격려에 슬비는 어제 기억에서 벗어났다.
그때 교실 문이 열리며 아이들이 들어왔다.
"어서 와. 오늘은 주연이, 연아, 지우와 같이 하자. 즐겁게 시작해 볼까?"
선생님 말에 모두 자리에 앉았다.
"얘들아, 〈어디라도 꽃 피우면〉이라는 동요를 들어 보자."
컴퓨터에서 동요가 흘러나오자 아이들이 함께 따라 불렀다.

……어디라도 꽃 피우면 그곳이 꽃밭, 꽃밭이지.
민들레 민들레 우리의 노란 민들레꽃.

"선생님, 동요는 갑자기 왜요?"
슬비가 궁금해 물었다.
"응, 오늘은 동시를 써 보려고. 동시는 리듬이 있거든. 노래하듯이 말이야."

낱말

만질 수 없고 향기도 없는 낱말
정말 이상해요.
'시냇물'이라고 쓰면 졸졸졸
물소리가 들리는 듯해요.

'예쁘다'라고 쓰면 방글방글
예쁘게 웃는 내 짝꿍 떠올라요.
날마다 생각하려고 써 놓아요.
사랑해요, 엄마, 아빠.

노래가 끝나자 슬비는 다른 아이들과 함께 동시를 쓰기 시작했다. 그리고 멘토 선생님에게 보여 주었다.

"음, 리듬감이 느껴지게 썼구나."

"정말요?"

기분이 좋았다.

"그런데 동시는 행과 연으로 되어 있어. 행이 잘 나눠졌는지 살펴볼까?"

멘토 선생님은 동시에 대해 설명해 주었다.

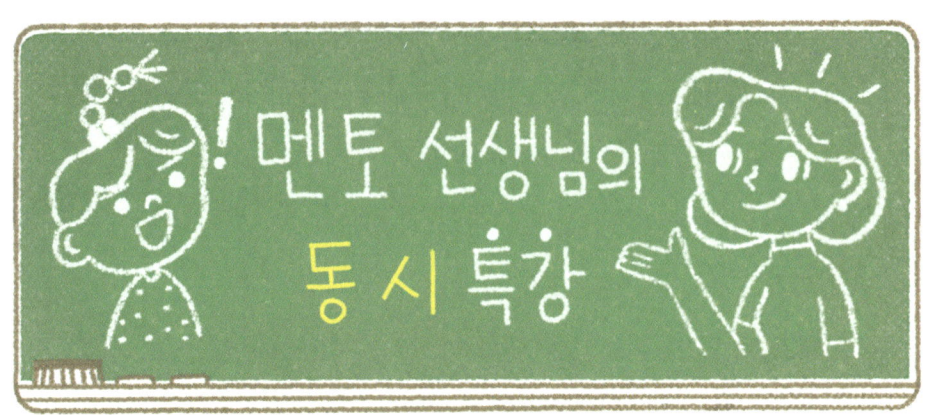

1. 동시란?

시는 생활 속에서 보고 듣고 느끼고 생각한 것을 알맞은 리듬에 담은 글이야. 그중 동시는 어린이를 위해 쓴 시를 말하지.

2. 동시는 이래!

- 행과 연으로 짜여 있다.
- 비유법을 많이 사용한다.
- 짧은 내용 속에 깊은 생각과 느낌을 담고 있다.
- 직접 겪거나 상상을 통해 얻은 감동을 아름답게 표현한 글이다.

3. 비유법이 뭐지?

어떤 대상을 다른 대상에 빗대어 표현한 것을 말해. 직유법, 은유법, 의인법 등이 있어.

- 직유법: ~처럼, ~ 듯이, ~ 같이, ~양 같은 말을 써서 두 사물의 공통점을 직접적으로 비유한다.
- 은유법: '~은(는) ~이다'처럼 겉으로 빗대어 나타낸다.
- 의인법: 사람이 아닌 사물이나 동식물 등을 사람처럼 표현한다.

4. 강조법은 뭘까?

글쓴이가 표현하고 싶은 것 중에 특히 강조하는 표현법이야. 과장법, 반복법, 영탄법, 열거법 등이 있어.

5. 변화법도 있어!

글을 읽는 이에게 신선함을 주고, 글의 재미를 더해 주는 표현법이야. 설의법, 역설법, 도치법, 반어법 등이 있지.

6. 동시를 써 보자

- 글감을 정한다.
- 무엇을 말하고자 하는지 주제를 정한다.
- 다양한 표현법을 활용한다.

과일 가게

박주연(4학년)

보라색 구름덩이들

언제까지 있을까?

저녁이 되면

앞집, 뒷집 식탁이

달콤한 포도밭이 된다.

잔소리

김연아(3학년)

심심해서 뒹굴뒹굴

심심해서 구르면

엄마의 잔소리 시작된다.

손 씻어라!

방 정리해라!

귀를 꽉 막지만 소용없어.

안 돼! 소리쳐도

한발 늦었어.

귀에 쏙 들어온 잔소리

나와 같이 구른다.

낱말

만질 수 없고

향기도 없는데

낱말은

참으로 신기해요.

'시냇물'이라고 쓰면

졸졸졸

물소리가 들리는 듯해요.

'예쁘다'라고 쓰면

방글방글

예쁘게 웃는

내 짝꿍 떠올라요.

날마다 생각하려고 써 놓아요.

'사랑해요' '엄마' '아빠'.

슬비의 한마디

동시는 글이지만 리듬이 느껴져 재미있네.
오늘은 나도 시인이다!

책 속에서 길 찾기   독서감상문

슬비는 도서관으로 향했다. 책을 많이 읽어야 한다는 멘토 선생님의 말을 실천하기 위해서였다. 그런데 도서관 게시판에 눈길이 머물렀다.

4월 독서왕

한우주(5-2)

책 없는 세상은 상상할 수 없다던 우주가 독서왕이었다. 우주는 책 읽기를 정말 좋아하는 것 같았다. 우주를 생각하는데 창대가 같

이 떠오를 게 뭐람. 슬비는 얼른 도리질을 했다.

교실로 돌아오니 우주 주위에 아이들이 몰려 있었다.

"축하해. 독서왕!"

아이들은 벌써 소식을 알고 있었다.

"슬비야, 우주가 독서왕 된 거 알지?"

창대가 말했다. 좋아서 입을 헤벌려서는, 눈치도 없는 녀석이다.

"응, 지금 도서관 갔다 오는 길이야."

슬비는 아무렇지 않은 듯 자리에 앉았다. 그리고 《어린 왕자》 책을 펼치며 속으로 다짐했다.

'나도 책을 많이 읽을 거야.'

수업을 마친 슬비는 집에서 간식을 먹은 뒤, 문화센터로 향했다. 벌써 두 명이 와 있었다. 은혜와 다연이라고 했다.

"슬비야, 잘 지냈니?"

"네, 선생님!"

"오늘은 책을 읽고 독후감을 써 볼 거야. 우리가 생각을 키우기 위해서는 많은 경험을 해 보는 게 좋아. 그렇지만 모든 일을 직접 경험해 볼 수는 없잖아? 그럴 때는 책을 통해 간접적으로 경험하는 방법이 있어. 그래서 책 속에 길이 있다는 말이 있지."

"우리 학교는 책을 많이 읽으면 독서왕 상을 줘요."

온통 우주와 독서왕 생각으로 가득했던 슬비가 대뜸 말했다. 슬비는 인정하고 싶지 않았지만, 사실은 우주가 부러웠다. 그 말에 선생님이 웃으며 말했다.

"그렇구나. 책을 많이 읽어서 생각도 키우고 상도 받으니 일석이조네. 너도 도전해 봐."

"독서왕은 아무나 하는 게 아닌 것 같아요."

슬비는 힘없이 말했다.

"자신감을 가져. 지금부터 열심히 읽으면 될 수 있지 않을까?"

선생님이 등을 토닥여 주자 움츠러든 마음이 조금은 나아진 것 같았다. 슬비는 마음을 다잡았다. 5월 5일 백일장에 나가 우주와 겨뤄야 한다. 그러기 위해 이렇게 글쓰기 능력을 키우고 있는 것이다.

그사이 멘토 선생님은 그림책 《도서관이 키운 아이》와 《프레드릭》, 동화책 《아홉 살 독립군, 뾰족산 금순이》를 책상에 올려놓았다. 읽고 독후감을 쓸 책이었다. 슬비는 《도서관이 키운 아이》를 골라서 독후감을 썼다.

"다 썼니?"

아이들이 쓴 독후감을 모두 읽은 선생님이 말했다.

"줄거리를 잘 파악했구나. 그런데 생각을 넣어서 쓰면 좋겠는걸."

그러고는 독후감에 대해 설명해 주었다.

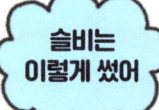
슬비는 이렇게 썼어

《도서관이 키운 아이》를 읽고

 멜빈은 도서관에서 산다. 실제로 사는 게 아니라 도서관에 자주 간다는 뜻이다. 멜빈은 호기심이 많고 궁금한 것도 많다. 그럴 때마다 사서 선생님이 도와주신다.

 곤충을 분리해 주고, 곤충 현장 학습 안내서와 뱀에 대한 책을 찾아 준다. 멜빈이 강과 호수에 사는 물고기에 대해 궁금해하면 사서 선생님들은 컴퓨터에서 검색해서 알려 준다. 학교 연극에서 가지 역할을 맡았을 때도 사서 선생님의 도움을 받아 연습을 했다.

 여름 독서 교실, 방과 후 특별 프로그램 등…… 도서관 행사에도 빠지지 않고 참석한다. 멜빈은 도서관에서 밤새워 책 읽기를 가장 재미있어했다.

 멜빈은 잠잘 때도 백과사전을 껴안고 잤다. 책을 많이 읽은 멜빈은 철자 알아맞히기 대회에 나가 1등을 하고, 태양계에 있는 모든 마을·도시·나라 이름 맞히기 대회에서 상을 받았다.

 멜빈은 중학생이 되어서도 날마다 도서관에 간다. 고등학교 때는 도서관에서 아르바이트를 한다. 대학에 간 멜빈은 사서 선생님이 그리워 읽고 있는 책에 대해 편지를 쓴다. 멜빈은 정말 도서관이 키운 아이가 맞다.

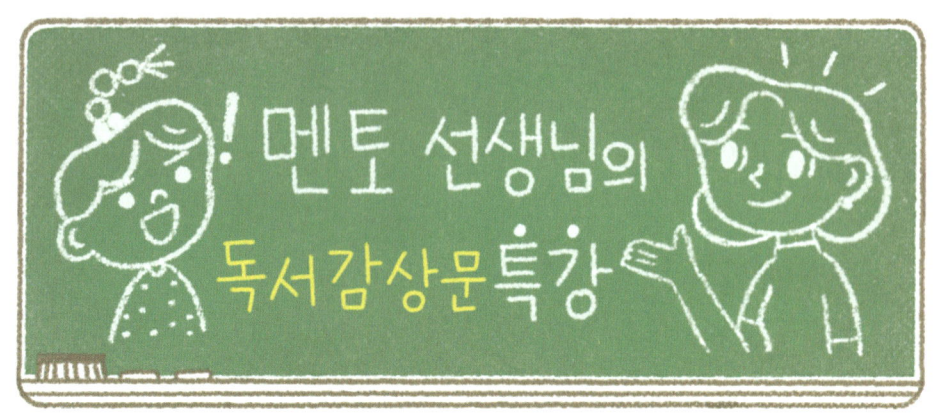

1. 독서감상문이란?

독서감상문은 책을 읽고 나서 자기 느낌이나 생각을 쓴 글이야. '독후감'이라고도 하지.

2. 왜 써야 할까?

- 바람직한 독서 태도를 길러 준다.
- 감동을 오래 간직할 수 있다.
- 생각하는 힘을 키워 준다.
- 아름다운 마음씨를 길러 준다.

3. 어떻게 쓸까?

독서감상문 쓰기가 막막하다면 이렇게 해 봐. 우선 책 제목만 쓰지 말고, 자기 글의 제목을 만들어 봐.

   백성을 사랑한 왕
    ー《세종대왕》을 읽고

   방방곡곡 울려 퍼진 만세 소리
    ー《유관순》을 읽고

그리고 책을 읽게 된 동기로 글을 시작해 봐. 첫머리에 책을 읽게 된 동기를 쓰면 자연스럽거든. 그 밖에 주인공 소개하기, 느낀 점부터 쓰기, 겪은 일부터 쓰기, 새롭게 알게 된 것부터 쓰기 등 다양한 방법으로 시작하는 거야.

그다음 책 내용에 느낀 점을 곁들여 소개해 봐.

끝으로 전체적인 소감을 쓰면서 글을 마치면 돼.

친구들은 이렇게 썼어

독립의 의지가 큰, 어린이 독립군 금순이
《아홉 살 독립군, 뾰족산 금순이》를 읽고

민다연(6학년)

　이 책은 아홉 살 금순이가 독립군이 되어 펼쳐지는 실제 이야기이다. 금순이가 어린이 독립군이 된 계기는 여러 가지이다. 조선인이란 이유만으로 괴롭히는 동네의 일본 아이들, 독립운동하는 사람들을 도와주다가 일본 경찰에게 모진 고문을 당하고 그 후유증으로 돌아가신 할아버지, 그리고 하루아침에 온 마을이 불타고 부모를 다 잃은 옥순이. 나라가 힘이 없어 당할 수밖에 없었던 슬픈 일들이 금순이가 만주 뾰족산을 넘어 아동 공연단으로 독립운동을 시작하게 된 이유들이다.

　많은 이유가 있다고 해도, 어린 나이에 가족과 떨어져서 독립운동을 하겠다는 결심은 대단한 것 같다. 만약 내가 금순이 같은 상황에 놓인다면 과연 어떻게 했을까?

　아동 공연단은 독립운동을 하는 사람들을 위해 공연만 하는 곳이 아니었다. 유격대와 함께 생활하며, 어려서 의심을 덜 받기 때문에 일본 경찰서의 내부를 염탐해 오는 일, 중요한 비밀문서를 전달하는 일, 일본인들에게 전단지 뿌리는 일 등을 했다.

책을 읽는 내내 금순이가 일본 경찰에게 들킬까 봐 가슴이 조마조마했다. 그러면서도 어린 금순이가 힘든 표정 없이 야무지게 공연단 생활을 하는 것이 대단하게 느껴졌다.

공연단에서 가장 나이 어린 막내였지만 독립에 대한 굳은 의지만큼은 어른 못지않았다. 그러던 중 금순이네 가족이 독립운동을 돕다가 일본 경찰에게 죽임을 당했다는 소식이 전해진다. 금순이는 가족을 잃은 슬픔에 빠져 힘들어한다. 하지만 얼마 후, 엄마가 살아 계시다는 이야기를 듣게 된다.

이 부분이 가장 슬픈 부분인데, 금순이는 비밀문서를 전달하는 임무를 맡게 되고, 임무가 끝나면 엄마를 만나러 가기로 한다. 위험하지만 엄마를 만난다는 생각에 금순이는 너무나 행복해했다. 그러나 임무를 마치고 엄마를 만나러 가는 길에 금순이는 일본 경찰에게 잡혀서 공개 처형될 처지가 된다.

죽음을 앞둔 순간에 금순이는 무슨 생각을 했을까? 일본 경찰에게 가짜 정보라도 주고 엄마를 만나러 가고 싶지 않았을까? 어린이 독립군이 된 것을 후회하진 않았을까?

그러나 금순이는 죽어 가면서도 남아 있는 사람들에게 힘내라고, 조국의 독립을 위해 싸워 달라고 피눈물을 흘리며 외친다.

지금 내 앞에 금순이가 있다면 너는 혼자가 아니라고, 너는 참 용기 있는 아이라고 말해 주고 꼭 안아 주고 싶다.

6월은 조국을 위해 희생하신 분들을 기리는 호국보훈의 달이다. 교과서로 배우는 일제강점기의 역사는 몇 장밖에 되지 않는다. 하지만 이 책을 읽으면서 일제강점기에 독립을 위해 애쓰신 알려지지 않은 분들이 얼마나 많을까 생각해 보았다.

우리가 그분들께 감사한 마음을 표현하는 방법은 역사를 잊지 않고, 제대로 배우고, 기억하며, 실수를 반복하지 않는 것이라고 생각한다.

아홉 살 독립군, 뾰족산 금순아, 너를 잊지 않을게! 그리고 나도 내 자리에서 나라 사랑하는 마음을 키울게. 정말 고마워!

슬비가 고쳐 썼어

책은 위대해!
《도서관이 키운 아이》를 읽고

　선생님이 읽으라고 준 《도서관이 키운 아이》는 제목부터 눈길을 끌었다. 도서관에서 어떻게 아이를 키울까? 궁금해서 얼른 읽었다.
　이 책은 '멜빈은 리빙스턴 공립도서관에서 살았어요.'로 시작한다. 어떻게 도서관에서 살까? 다음 문장을 보니 도서관에 자주 와서 많은 시간을 보낸다는 뜻이었다. 도서관 영향을 얼마나 받았으면 도서관이 키운 아이라고 하는지 더욱 궁금해졌다.
　도서관 사서 선생님은 멜빈이 궁금해하면 언제든 도움의 손길을 내민다. 뱀에 대해 궁금해하면 뱀에 대한 책을 찾아 주거나 검색해 준다. 멜빈이 야외 관찰 수업을 받고 곤충이 담긴 유리병을 가져와서 쏟았을 때도 야단치지 않고 곤충을 다 모아 분류해 주고, 곤충에 대한 책을 찾아 주었다. 또 강과 호수에 사는 물고기들에 대해 궁금해하면 사서 선생님들이 컴퓨터에서 검색해서 알려 준다. 멜빈이 학교 연극에서 가지 역할을 맡았을 때도 사서 선생님이 연습하는 걸 도와준다. 정말 좋은 사서 선생님이다.

멜빈은 도서관 행사에도 빠지지 않고 참석한다. 여름 독서 교실, 방과 후 특별 프로그램 등……. 멜빈은 도서관에서 밤새워 책 읽기를 가장 재미있어했다. 밤새워 책 읽기는 나도 해 보고 싶다. 우리 동네 도서관도 그런 프로그램을 하면 좋겠다.

멜빈은 잠잘 때도 백과사전을 껴안고 잤다. 책을 많이 읽은 멜빈은 철자 알아맞히기 대회에 나가 1등을 하고, 태양계에 있는 모든 마을·도시·나라 이름 맞히기 대회에서도 상을 받았다. 모두 도서관에서 책을 많이 읽은 덕분이다.

멜빈은 중학생이 되어서도 날마다 도서관에 간다. 고등학교 때는 도서관에서 아르바이트를 한다. 대학에 간 멜빈은 사서 선생님이 그리워 읽고 있는 책에 대해 편지를 쓴다. 멜빈은 도서관이 키운 아이가 맞다. 나도 멜빈처럼 책을 많이 읽어서 훌륭한 사람이 되고 싶다.

슬비의 한마디!

책 읽기는 좋지만 독서감상문을 써야 해서 처음에는 긴장했어. 그런데 막상 써 보니 줄거리도 잘 이해되고, 느낀 점을 쓰면서 내 생각도 정리가 되었어. 책을 다시 제대로 읽은 것 같아. 앞으로도 독서록에 채워 봐야지.

이해하기 쉽게 쓰기

"오늘, 같이 분식집 가자."

교실에 가니 창대가 불쑥 말을 건넸다.

"정말?"

모처럼 창대가 단짝으로 느껴져 슬비는 기분 좋게 대답했다. 슬비는 어서 수업 시간이 끝나기를 기다렸다. 수업 마치는 음악 소리가 그렇게 반가울 수 없었다. 서둘러 가방을 챙기고 창대 쪽을 보았다. 창대는 느긋했다.

"빨리 가자."

"알았어. 우주야, 가자."

슬비의 재촉에 창대가 우주를 챙겼다. 알고 보니 둘이 가는 게 아니었다.

"우주가 독서왕이 되었으니 축하해 주려고."

슬비는 순간, "너희 둘이 사귀니?"라고 말할 뻔했다. 5학년이 된 뒤로 슬비와 창대의 우정이 외줄을 타고 있었다.

'창대는 왜 자꾸 우주를 챙기지? 우주의 어디가 좋아서?'

"안 가?"

머뭇거리고 있는 슬비에게 우주가 물었다.

"어, 어? 갈 거야."

슬비는 어쩔 수 없이 따라나섰다. 셋은 분식집으로 들어가 떡볶이를 먹었다.

"내가 한턱내겠다고 하니, 창대가 너도 같이 가자기에 좋다고 했어."

우주가 묻지도 않은 말을 해 주었다.

"슬비야, 우주 대단하지 않냐? 공부 잘하지, 글짓기 잘하지, 이번엔 독서왕이 되었잖아."

"그러네."

잔뜩 흥분한 창대의 말에 슬비는 건성으로 대답했다.

창대가 우주에게 물었다.

"참, 5월 5일 백일장에 나간다고 했지? 그날도 기대된다."

"나도 나갈 거거든."

슬비는 서운한 마음에 말이 퉁명스럽게 나갔다. 그 뒤로 떡볶이가 무슨 맛인지 알 수 없었다.

슬비가 글노모에 가니 늘 그러듯 멘토 선생님이 반겨 주었다.

"선생님, 제가 백일장 나가서 상 받고 싶다고 한 거 기억하세요?"

"그럼. 선생님은 네가 글쓰기에 관심을 가져서 정말 기뻐. 요즘 아이들은 대체로 글 쓰는 걸 어려워하거나 싫어하거든."

"선생님……."

갑자기 울컥했다. 슬비가 상을 받고 싶은 건 다른 이유였다.

멘토 선생님이 놀라서 물었다.

"왜 그러니?"

"제가 글을 잘 쓸 수 있을까요?"

"물론이지. 쓰면 쓸수록 실력이 늘 거야. 그런데 무슨 일 있니?"

멘토 선생님이 슬비 눈치를 살폈지만 슬비는 우주를 이기고 싶은 마음을 꺼내 보이지 않았다.

"아, 아니에요."

그때 다른 아이들이 들어왔다. 모두 자리에 앉자, 멘토 선생님이 이야기를 시작했다.

"오늘은 설명문을 써 볼 거야."

"우리가 설명문을 쓴다고요? 어려울 것 같은데요."

"선생님이 다니는 한의원에서 준 설명서가 있어. 한번 볼래?"

복약 안내

약은 냉장 보관하세요.

하루 두 번, 아침과 저녁에 한 봉지씩 드세요.

따뜻하게 데운 다음 충분히 흔들어서 드세요.

약을 먹는 동안 매운 음식, 기름기가 많은 음식은 먹지 마세요.

약을 먹는 동안 몸에 이상이 생기면 한의원으로 연락 주세요.

그린한의원

"어때? 약을 먹는 방법이나 주의해야 할 점을 잘 알 수 있지? 설명문은 이렇게 알리고자 하는 내용을 자세히 알게 해 주는 글이야."

"우리도 설명문을 쓸 수 있어요?"

"그럼. 혹시 친구들에게 알려 주고 싶은 게 있니?"

"음, 옛날에 아빠랑 광화문에서 수문장 교대식을 봤는데 정말 신기했어요. 친구에게 수문장 교대식에 대해 알려 주고 싶어요."

슬비는 창대랑 수문장 교대식을 보러 가면 좋겠다고 생각했다. 창대는 역사를 좋아하니까.

"좋아. 그럼 설명문을 어떻게 쓰는지 지금부터 알아보자."

선생님은 설명문에 대해 알려 주었다.

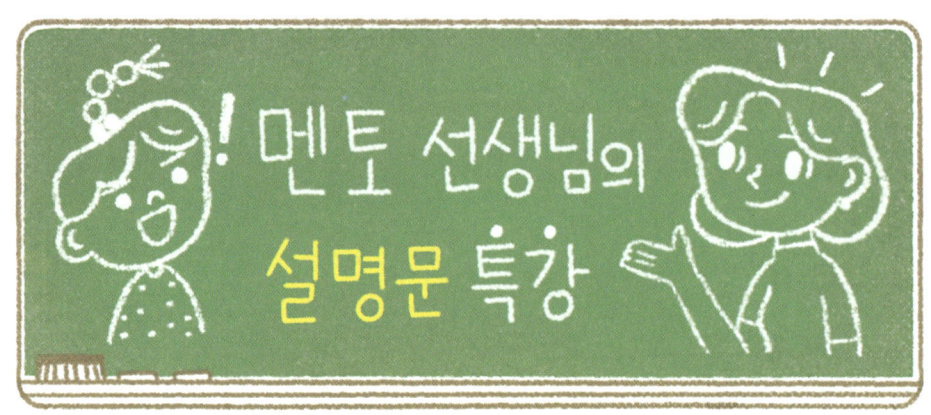

1. 설명문이란?

어떤 사실이나 사물 등에 대하여 다른 사람이 잘 알 수 있도록 쉽게 풀이한 글을 말해. 글쓴이의 주장이 아니라 이해를 돕기 위한 글이므로, 누구나 이해하기 쉽게 써야 해. 물건을 샀을 때 들어 있는 사용설명서, 고궁 안내문도 일종의 설명문이야.

2. 이런 특징이 있어!

- 알리는 데 목적이 있다.
- 내용이 정확해야 한다.
- 글의 짜임이 머리말, 본문, 맺음말의 형식을 갖추어야 한다.

머리말에서는 설명할 대상에 대한 간략한 소개와 글을 쓰는 이유 등을 밝혀. 본문에서는 전달하려는 정보에 대한 구체적인 내용을 예시, 열거, 분류, 대조, 비교 등의 방법을 활용하여 이해하기 쉽도록 설명해야 해.

3. 내용은 이렇게!

- 꼭 필요한 내용을 쓴다.
- 친구들이 잘 모르거나 궁금해하는 새로운 내용을 쓴다.
- 비슷한 내용은 반복하지 않고 한 번만 쓴다.

4. 설명문을 써 보자!

㉠ 글감 정하기

㉡ 자료 정리하기

㉢ 개요 짜기

㉣ 차례에 알맞게 배열하기

㉤ 문단 구성하기

㉥ 특성에 맞게 글쓰기

솟대

정하율(6학년)

솟대는 나무나 돌로 만든 새를 장대나 돌기둥 위에 앉힌 것이다. 마을 사람들은 음력 대보름 동제 때, 마을이 잘되고 농사가 풍년이 되기를 기원하며 마을 입구에 솟대를 세운다. 홀로 서 있기도 하지만 대부분 장승, 선돌, 탑(돌무더기), 당산나무 등과 함께 세워져 마을의 수호신으로 모신다.

솟대는 마을의 안녕과 수호를 맡고 농사가 잘되도록 하는 마을신의 하나이다. 또 풍수지리 사상과 과거급제를 해서 이름을 날리는 풍조가 널리 퍼지면서, 짐대(훌륭한 인물이 난 지형을 기념 하는 것)와 화주대(급제를 기념하기 위한 것)로 나뉘어 발전되었다.

우리나라에는 솟대 말고도 여러 신앙의 목적으로 높은 장대를 세우는 민속이 있었다. 서낭대, 영동대, 볏가리대 등이 있지만, 솟대와는 그 형태와 역할이 다르다. 솟대는 마을 사람들의 신앙생활과 긴밀하고 지

속적인 관계를 유지하며, 뚜렷한 의미를 지닌다는 점에서 다른 민속과 구별된다.

솟대는 그 기원이 청동기 시대로 올라갈 수 있을 만큼 매우 오래되었으며 또한 만주, 몽고, 시베리아, 일본에 이르는 광범위한 지역에 나타난다. 솟대가 북아시아 원시 종교의 문화권에서 오랜 역사를 지녔다는 걸 알 수 있다.

솟대를 우리나라에서 언제부터 신으로 모셨는지는 분명하지 않다. 다만 북아시아의 솟대와는 달리 우리의 솟대는 농경 문화에 적합한 여러 가지 형태로 바뀌어 가면서 농경 마을의 신앙이 되었으리라 짐작한다.

솟대의 장대에는 왼새끼 줄을 치거나 먹으로 선을 그려 용틀임을 한다. 또는 장대 자체를 용틀임처럼 비틀어진 나무로 골라 쓰기도 한다. 또한 반드시 시냇물을 건넌 곳에 있는 나무를 베어 내어 솟대를 세움으로써 비와 바람을 숭배한다. 이것도 솟대와 농경 문화가 친하다는 것을 보여 준다.

솟대 위의 새는 대개 오리라고 불리며 일부 지방에서는 까마귀라고 부른다. 그 밖에 기러기, 갈매기, 따오기, 까치 등을 나타낸다고 생각하기도 한다.

철새류의 물새인 오리가 갖는 여러 가지 종교적인 의미가 있다. 오리

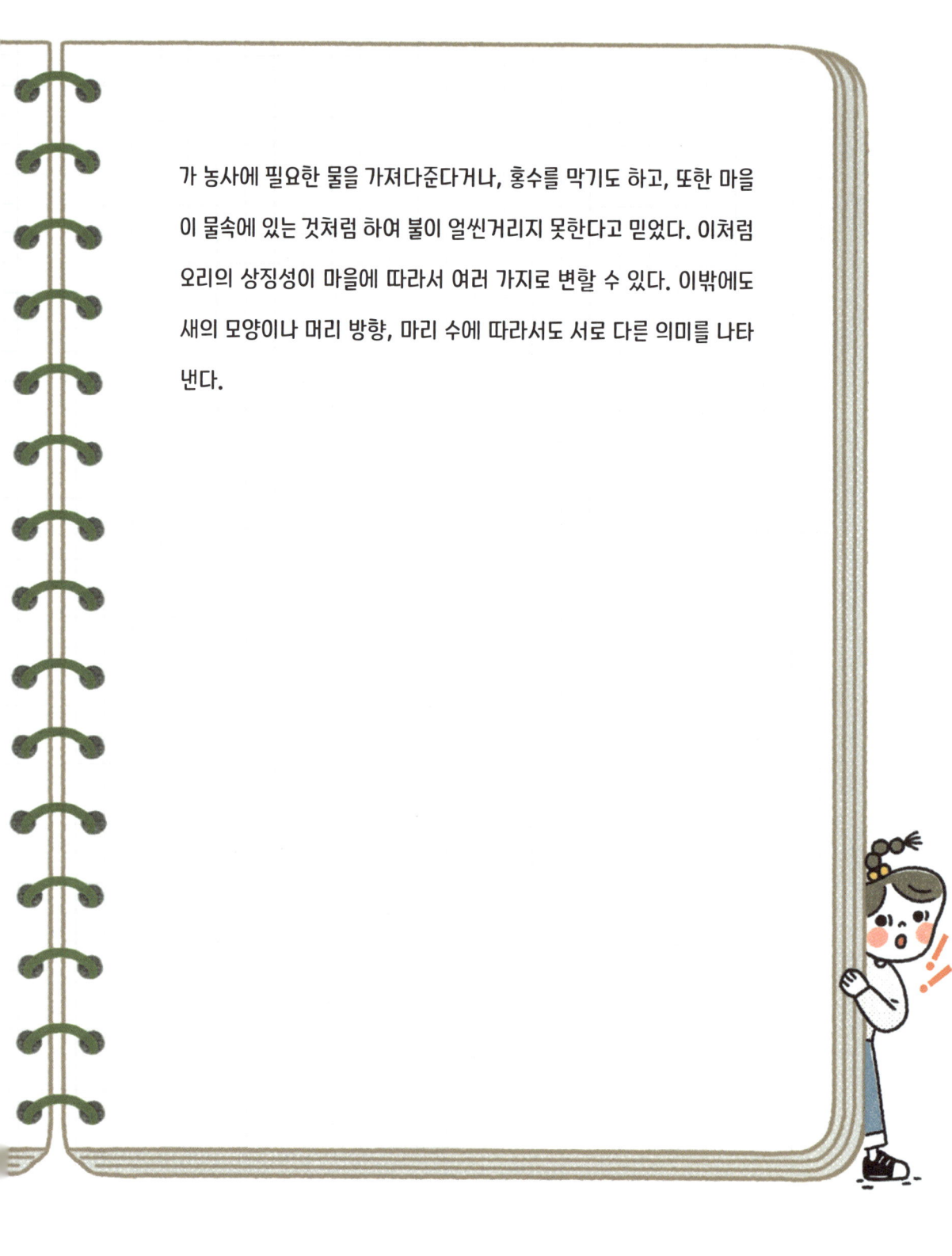

가 농사에 필요한 물을 가져다준다거나, 홍수를 막기도 하고, 또한 마을이 물속에 있는 것처럼 하여 불이 얼씬거리지 못한다고 믿었다. 이처럼 오리의 상징성이 마을에 따라서 여러 가지로 변할 수 있다. 이밖에도 새의 모양이나 머리 방향, 마리 수에 따라서도 서로 다른 의미를 나타낸다.

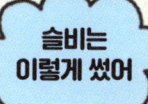

광화문 수문장 교대식

수문장 교대식은 우리나라 5대 궁궐인 경복궁, 창덕궁, 창경궁, 덕수궁(운현궁), 경희궁 중에 경복궁 광화문과 창덕궁의 돈화문, 덕수궁의 대한문에서 열린다. 또 남한산성의 남문인 지화문에서도 거행되고 있다. 그중에서 경복궁 광화문 수문장 교대식에 대해 알아보기로 한다.

수문장 교대식과 파수식 시간은 다음과 같다.

* 수문장 교대식 1일 3회 : 10시, 13시, 15시
* 광화문 파수식 1일 3회 : 11시, 14시, 16시
  (화요일은 휴무)

수문장 교대식을 보려면 지하철을 타고 3호선 경복궁역에서 내리면 된다. 웅장한 취타 소리에 늠름한 근위병들의 모습을 볼 수 있다.
영국의 엘리자베스 여왕이 거주하는 버킹엄궁에 경비를 담당하는 근

위병의 교대식이 있는 것과 같이, 우리나라는 예부터 왕궁을 경비하는 금군과 수문장의 궁성의 개폐식, 시위식, 행순 등이 있었다. 현재 수문장 교대식은 이 세 가지 의식을 하나로 결합해 재현하고 있다고 한다.

교대식 절차는 먼저 대북으로 초엄(初嚴)을 울리면 교대 수문군이 취타대를 앞세우고 출발하여 광화문과 근정문 사이의 광장에 도착한다. 다음 이엄(二嚴)이 울리면 교대 수문군이 광화문 밖으로 이동하여, 당직 수문장과 교대 수문장이 군례 및 신분 확인을 한다. 그리고 교대 수문군이 수문장의 호령으로 광화문에 배치되고 당직 수문군은 광화문 안쪽으로 이동한다. 삼엄(三嚴)이 울리면 당직 수문군이 수문장의 지휘에 따라 퇴장한다.

구경하던 사람들이 근위병들과 사진 촬영을 하는 시간도 있다. 우리나라 사람들뿐 아니라 외국 관광객들도 흥미로워한다고 한다.

슬비의 한마디

설명문 쓰기는 어려웠어. 아는 것만으로는 한계가 있어 다른 자료가 필요하거든. 그래도 사람들이 내 글을 보고 새로운 내용을 알게 된다니 뿌듯해. 설명문을 쓰기 전에 자료를 충분히 찾아 익히면 도움이 될 거야.

논리적으로 설득하기

"넌 용돈을 많이 받나 봐."

창대의 목소리가 들렸다. 역시나 우주에게 한 말이었다. 그 소리가 거슬려 슬비는 애써 못 들은 척하려고 했다.

"응, 우리 엄마가 많이 주셔."

"그렇구나. 그래서 용돈으로 사 준다고? 슬비야, 너도 가자."

입이 벙그러진 창대가 슬비에게 말했다.

"나도?"

"같이 가도 돼."

우주가 대신 답했다. 얼떨결에 같이 가게 된 학교 앞 분식집에서 우주는 토스트를 사 주었다. 달콤하고 부드러운 토스트를 먹으면서 슬비도 용돈을 많이 받고 싶었다. 그래서 집으로 오자마자 엄마에게 용돈 이야기부터 꺼냈다.

"엄마, 나 용돈 올려 주세요."

"응? 지금도 용돈은 주잖아."

"더 많았으면 좋겠어요."

"어디에 쓸 건데 갑자기 올려 달라고 그러니?"

엄마는 들어줄 마음이 없는 것처럼 보였다.

슬비가 입을 쭉 빼물고 문화센터에 도착하니 마침 멘토 선생님이 들어왔다.

"무슨 일인데 입이 나왔을까?"

"용돈을 올려 주면 좋겠는데, 엄마는 그럴 생각이 없는 것 같아요. 전 지금보다 많이 받고 싶은데 말이에요."

"슬비야, 그렇다면 네 요구를 엄마가 들어줄 수 있게 주장하는 글을 써 볼까?"

그 말에 슬비는 연필을 들었다.

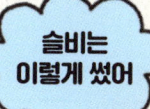

용돈을 올려 주세요

　나는 친구들과 놀이터에서 놀다 목이 마르면 물이나 음료수를 사서 마신다. 또 학원에 다녀 올 때 배가 고프면 분식집에서 간식을 사 먹는다. 모두 용돈이 있기 때문에 할 수 있는 일이다. 이처럼 용돈은 내가 필요한 것을 살 수 있게 해 준다.

　그런데 용돈은 아껴 써도 부족하다. 엄마가 용돈을 올려 주었으면 한다. 용돈을 올려 주어야 할 이유는 다음과 같다.

　첫째, 필요할 때 돈을 쓸 수 있기 때문이다.

　용돈을 넉넉히 받는 아이들은 친구와 분식집 가서 떡볶이를 먹을 수 있고, 가끔 사 줄 수도 있다. 같이 먹는 즐거움 뿐만 아니라 우정을 돈독히 할 수 있는 건 덤이다.

　둘째, 용돈이 많으면 내가 할 수 있는 일이 많아진다. 그동안 문방구 앞을 지나갈 때 사고 싶은 게 있어도 참았다. 비즈를 사서 팔찌를 만들고 싶었고, 클레이를 사서 만들기를 하고 싶었다. 내가 사고 싶은 비즈와 클레이를 살 수 있었다면 심심하지 않고 시간을 즐겁게 보냈을 것이다.

셋째, 용돈이 많아지면 부자가 된 기분이라서 행복할 것이다. 돈이 없으면 뭘 할지 계획을 세울 수 없다. 용돈을 많이 받는 친구가 부러울 뿐이다.

그러므로 엄마는 용돈을 올려 주어야 한다.

글을 읽은 멘토 선생님이 슬비의 등을 토닥이며 말했다.

"엄마가 용돈을 올려 주게 하려면 좀 더 설득력이 있어야겠는데?"

슬비가 눈을 반짝이며 되물었다

"어떻게 쓰면 되는데요?"

그러자 멘토 선생님은 논설문에 대해 알려 주었다.

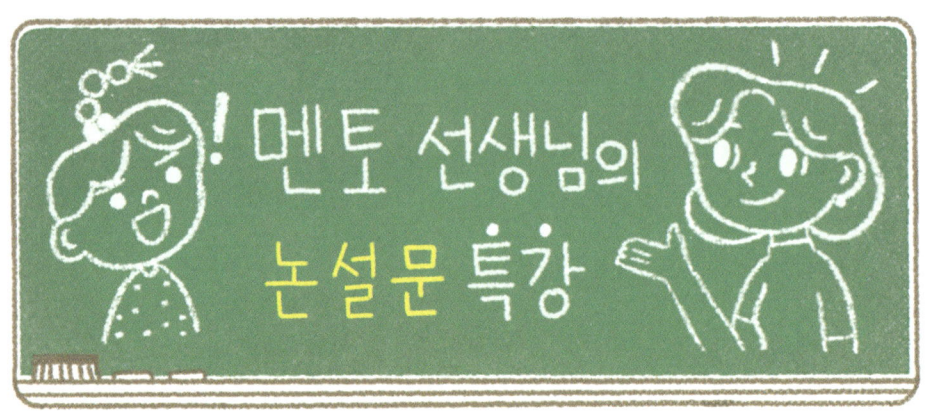

1. 논설문이란?

어떤 사실이나 문제에 대하여 자기 의견과 생각을 논리적으로 주장하는 글이야. 여러 가지 사회 현상에 대한 문제점을 파악하고, 해결 방법이나 실천 방법을 제시하지.

2. 이런 특징이 있어!

- 글쓴이의 의견이나 주장이 뚜렷하다.
- 많은 사람들이 관심을 가질 수 있는 내용을 다룬다.
- 논리적인 문장이기 때문에 글이 딱딱한 편이다.
- 글의 짜임을 처음(서론), 가운데(본론), 끝(결론)으로 구분한다.

3. 짜임새는 이렇게!

㉠ 서론: 글의 처음 부분. 주장하려는 내용의 실마리를 드러낸다.

㉡ 본론: 글의 가운데 부분. 주장하는 내용과 그것을 뒷받침하는 근거를 명확하게 제시한다.

㉢ 결론: 글의 끝 부분. 본론에서 주장하는 내용을 종합하여 마무리한다.

4. 이렇게 써 봐!

㉠ 글의 주제를 정한다.

㉡ 주제에 따른 내용을 서론, 본론, 결론 세 부분으로 구성한다.

㉢ 주장을 뒷받침하기 위하여 설득력 있는 근거를 든다.

㉣ 중심 문장(소주제문)과 보조 문장(뒷받침 문장)을 구별하여 쓴다.

마음 건강을 키우자!

강혜린(6학년)

"눈에 보이는 건 껍질일 뿐이야. 가장 중요한 건 눈에 보이지 않은 거야."

《어린 왕자》라는 책 속에 나오는 대화입니다. 이 대화처럼 '가장 중요한 것은 눈에 보이지 않는다'에 공감합니다.

주위에 마음이 약해서 아파하고 힘들어하는 친구들을 볼 수 있습니다. 힘들어하는 친구들에게 다음과 같은 근거를 들어서 마음 건강을 키우라고 말하고 싶습니다.

첫째, 평소 자신의 마음을 잘 관찰해야 합니다. 마음은 보이지 않지만 매우 중요합니다. 겉모습이 단정해도 마음속은 매우 복잡하고 어지러울 수 있습니다. 대부분의 사람들이 마음속 상처를 남에게 보여 주려 하지 않습니다. 다른 사람들도 우리 마음속을 들여다보려고 해도 볼 수가 없습니다. 그러므로 우리는 자신의 마음속 소리에 귀 기울여야 합니다.

평소 스스로의 마음을 보듬어 주어야 합니다.

둘째, 자신의 의견을 솔직하게 말해야 합니다. 누군가가 먼저 말 걸고 들여다봐 주기를 기다려선 안 됩니다. 어쩌면 아이들은 누군가가 손 내밀어 주길 기다리고 있을지 모릅니다. 하지만 다른 사람들도 같은 생각을 가지고 있을 것입니다. 또한 사람들은 자신의 삶에 집중하느라고 다른 사람을 도와줄 여유가 없을 수도 있습니다. 따라서 자신이 먼저 말하며 외쳐야 합니다. 자신의 마음은 오직 자신만이 알고 있는 것입니다. 그래야 사람들은 도움을 줄 수 있습니다.

셋째, 스스로에게 부정적인 생각을 가지지 말아야 합니다. 자책할수록 마음속은 괴로워질 것입니다. 보이지 않는 마음이 괴로우면 그 마음은 독버섯처럼 퍼져 나가 우리 몸과 마음 전체를 아프게 만들 수 있습니다. 그러므로 자신에 대해 부정적인 생각을 갖지 말아야 합니다.

위와 같이 마음을 잘 살피기 바랍니다. 자신 외에는 아무도 들여다볼 수 없는 스스로의 마음을 평소 유심히 관찰하고 토닥여 주길 바랍니다. 숨 쉬고 있는 지금 이 순간이 얼마나 소중한지, 자신을 존재하게 한 감사한 분들을 떠올리며, 힘들어도 마음을 건강하게 키우기를 바랍니다.

용돈을 올려 주세요

나는 매월 1일에 엄마에게 용돈을 받는다. 친구들과 놀이터에서 놀다가 목이 마르면 용돈으로 물이나 음료수를 사서 마신다. 또 학원 갔다가 올 때 배가 고프면 분식집에서 간식을 사 먹는다.

용돈은 내가 필요한 것을 살 수 있게 해 준다. 그런데 용돈이 부족하면 꼭 써야 할 때 쓸 수 없어 불편하다.

엄마가 용돈을 올려 주셨으면 한다. 용돈을 올려 주어야 할 이유는 다음과 같다.

첫째, 필요할 때 돈을 쓸 수 있기 때문이다.

용돈으로 친구와 분식집 가서 떡볶이를 먹을 수 있다. 같이 먹는 즐거움 외에도 우정을 돈독히 할 수 있는 건 덤이다.

둘째, 용돈이 부족하면 내가 하고 싶은 것을 할 수 없다. 문방구 앞을 지나갈 때 사고 싶은 게 있어도 참아야 한다. 비즈를 사서 팔찌를 만들 수도 없고, 클레이를 사서 만들기를 할 수도 없다. 비즈 공예와 클레이 공예는 내가 심심하지 않고 시간을 유용하게 보낼 수 있게 해 준다.

셋째, 용돈이 많으면 내가 하고 싶은 일을 계획할 수 있다. 용돈을 모아서 어버이날 선물을 사 드릴 수 있고, 기아대책 후원단체에 후원금을 보낼 수도 있다.

용돈을 올려 주면 필요할 때 돈을 쓸 수 있고, 내가 사고 싶은 것을 살 수 있고, 하고 싶은 일을 계획할 수 있다. 그러므로 엄마는 용돈을 올려 주어야 한다.

슬비의 한마디

다른 사람을 설득하기는 어려운 일이구나! 논설문 쓰기는 쉽지 않았어. 그래도 쓰고 나니 내가 하고 싶은 말이 뭔지 확실히 알 수 있었어. 논설문을 잘 쓰려면 먼저 논리적으로 생각하고 말하는 연습이 필요하다는 것도!

마음을 담아 쓰기 `편지글`

　슬비는 창대와 예전처럼 잘 지내고 싶었다. 그런데 창대는 점점 우주와 친해지고 있다. 서운했다. 집으로 올 때도 창대는 우주와 같이 가는 날이 많았다. 슬비도 어울리지만, 들러리인 것만 같았다.
　슬비는 괜히 엄마에게 짜증을 냈다.
"엄마, 속상해!"
"왜 그러니? 학교에서 무슨 일 있었어?"
"마음에 안 드는 친구가 있어요."
"어떻게 안 드는데?"
"나보다 다른 친구와 더 친하게 지내잖아요."

슬비는 괜히 엄마에게 퉁퉁거렸다.

"친한 건 좋은데, 네가 볼 땐 속상할 수 있겠구나. 오늘 글노모에 갈 거지? 거기서 네 마음을 편지로 써 봐. 직접 편지를 쓰면 마음이 더 잘 전해질 거야."

엄마가 조언을 해 주었지만, 슬비는 내키지 않았다.

"핸드폰 문자나 카톡도 있는데 편지를요?"

"물론 문자나 카톡이 편리하지. 하지만 너 요즘 글쓰기를 배우잖아. 편지도 글의 한 종류이니 써 보는 것도 좋을 것 같은데."

엄마는 그렇게 해 보라는 눈빛이었다.

슬비는 글노모 교실로 갔다. 멘토 선생님은 아직 보이지 않았다. 편지 쓰기도 글쓰기 연습이라는 생각에 슬비는 창대에게 편지를 쓰기 시작했다.

그때 멘토 선생님이 들어오며 물었다.

"슬비 왔구나. 뭐 하고 있니?"

"보지 마세요. 친구한테 편지 쓰는 거예요."

슬비가 편지를 팔로 가리자 멘토 선생님은 더 보려고 하지 않았다. 대신 편지글에 대해 알려 주었다.

"편지글에도 형식이 있단다. 형식에 맞춰서 쓰면 더 좋은 글이 될 거야."

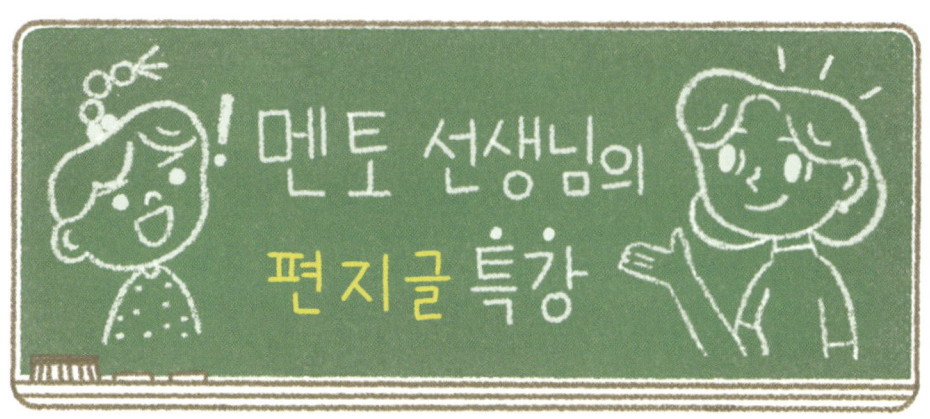

1. 편지글이란?

직접 만나지 못하는 상대에게 만나서 말하듯이 쓰는 글이야. 가까이 있는 사람들과도 편지글을 주고받으며 마음을 전할 수 있어.

2. 이런 순서가 있어!

받을 사람, 첫인사, 하고 싶은 말, 끝인사, 편지 쓴 날짜, 쓴 사람 순서로 써.

3. 이렇게 쓰면 돼!

㉠ '보고 싶은 할머니께' '그리운 친구에게'처럼 첫 부분에는 받는 사람의 이름이나 호칭을 쓴다.

㉡ 첫인사는 대개 계절에 어울리는 말을 많이 쓰지만 꼭 그럴 필요는 없

다. 안부는 인사말에 덧붙이는 경우가 많은데 상대방의 안부를 먼저 묻는 것이 예의다.

ⓒ 중간 부분은 가장 중요한 내용으로, 편지를 쓰게 된 까닭이나 목적을 알기 쉽고 자세하게 쓴다.

ⓔ 끝인사로 마무리한다.

ⓓ 끝인사 뒤에는 날짜와 이름을 쓴다. 어른에게 쓸 때는 ~올림, ~드림을 붙이고, 친구나 손아랫사람에게는 ~로부터, ~씀 등과 같이 쓰면 된다.

4. 이런 점이 중요해!

서로 정을 나누는 것이 편지글의 중요한 목적이야. 최대한 다정한 느낌이 들도록 쓰고, 아무리 가까운 사이라도 예의를 지켜야 해.

존경하는 선생님께

선생님, 안녕하세요?

4월도 꽃샘추위로 쌀쌀하더니 이제 완연한 초여름에 접어들었어요.

스승의 날을 맞아, 선생님 생각이 많이 났어요.

4학년 때 선생님을 만난 것이 전 행운이라고 생각해요. 3학년 때까지 전 친구를 사귀는 것도 잘 못하고, 체육도 잘 못하고, 공부도 잘하지 못했어요. 반에서 존재감이 없었다는 의미지요.

그런데 선생님께서 좋은 책을 많이 읽으라고 하신 말씀에 전 책과 친하게 되었어요. 선생님 말씀대로 책 속에 길이 있는 게 맞았어요. 책을 읽으면서 다양한 간접 경험을 할 수 있었고, 책 이야기를 하면서 친구들도 한 명 두 명 사귈 수 있었어요.

또 체육시간도 두려워하지 않고 열심히 하려고 했어요. 그랬더니 체육시간도 즐거워졌어요. 그 또한 선생님 덕분이에요. 제가 축구공이 무서워 움찔하는 걸 보시고, 축구공이 서운하겠다며 웃으셨지요. 그때 친구들이 저와 놀아 주지 않을 때 서운했던 일이 생각났어요.

그래서 축구공이 서운하지 않게 내 쪽으로 오면 반기듯이 공을 드리블

하고 골대를 향해 찼지요. 그랬더니 아이들이 저를 축구하는 팀에 넣어 주었어요.

　선생님, 저는 지금도 책을 많이 읽고 있어요. 모두 선생님 덕분이에요. 진심으로 감사드려요.

　존경하는 선생님!

　스승의 날 축하드려요. 그리고 언제나 건강하시기를 기원해요.

　안녕히 계세요.

5월 15일 제자 정수찬 드림

내 친구 창대에게

창대야, 안녕?

오늘은 미세먼지가 없어서 하늘이 유난히 파랬어. 너도 맑은 하늘을 보았을 거야.

내가 편지를 쓰는 이유는 내 마음을 표현하고 싶어서야.

너와 유치원 때부터 친구로 지내서 단짝으로 생각해 왔어. 5학년 때도 같은 반이 되었을 때 더욱 그런 생각을 하게 되었지.

그런데 요즘 마음이 불편해. 네가 나보다 우주와 더 친한 것 같아서 말이야. 우주가 글짓기 상을 받아 왔을 때 네가 엄청 기뻐하는 모습, 분식집에 갈 때도 같이 가는 모습, 학교 마치고 집에 갈 때도 우주부터 챙기는 네 모습을 볼 때마다 난 단짝에서 밀려나는 기분이었어. 물론 우주와 친하지 말라는 말은 아니야. 너와 유치원 때부터 친하게 지낸 것처럼, 앞으로도 계속 친하고 싶다는 마음을 전하고 싶어.

내 마음이 잘 전달되었으면 해.

그럼 이만 줄일게.

20xx년 x월 x일 친구 슬비가

✨ 슬비의 한마디 ❗

요즘은 핸드폰으로 메시지를 주고받으니 편지 쓸 일은 거의 없지.
그런데 직접 써 보니 마음을 더 자세히 표현할 수 있었어. 내가 쓴
문장을 읽으면서 맞춤법이 틀리지는 않았는지, 예의를 지키고
있는지도 더 생각하게 되었고. 편지는 낯설지만
솔직한 마음을 전하기에 효과적인 것 같아.

여행을 되새기며 쓰기 　기행문

슬비네 반은 사회 시간에 모둠별로 체험학습을 하기로 했다. 체험학습 후에는 보고서를 내야 한다. 어디에 가서 무엇을 볼지는 모둠에서 자유롭게 정한다.

"우리 모둠은 어디로 갈까?"

창대의 말에 슬비는 어디가 좋은지 생각해 보았다.

'전통시장을 갈까? 아니면 박물관에 갈까?'

그때 우주가 말했다.

"난 궁궐에 가 보고 싶어."

"와, 좋은 생각이야! 나도 그게 좋겠어."

평소 역사에 관심이 많은 창대는 바로 동의를 했다. 그래서 슬비네 모둠은 궁궐로 정했다.

주말에 슬비는 우주, 창대와 같이 경복궁으로 향했다.

"선생님이 보고서는 기행문으로 쓰라고 하셨잖아. 난 자신 없어."

창대가 발뺌하며 슬비를 보았다.

"나? 나보다는 우주가 더 잘 쓸 거야."

"우주는 사진 담당이잖아."

창대가 빙긋 웃었다. 슬비는 그때부터 마음이 불편했다. 우주는 왜 그리 느긋한 표정일까. 그런 면도 마음에 들지 않았다. 궁궐에 다녀오고 나서도 여전히 마음이 편하지 않았다.

다음 날 슬비는 멘토 선생님을 만나러 문화센터에 갔다.

"오늘은 할 말이 있는 것 같은데?"

"네. 체험학습을 갔다 온 뒤에 기행문을 써서 내야 해요."

"흠, 자신이 없다는 거지?"

"네, 맞아요."

"그럼 오늘은 기행문에 대해 배울까? 그런 뒤 도전해 보는 거야!"

멘토 선생님은 기행문 쓰기에 대해 설명해 주었다.

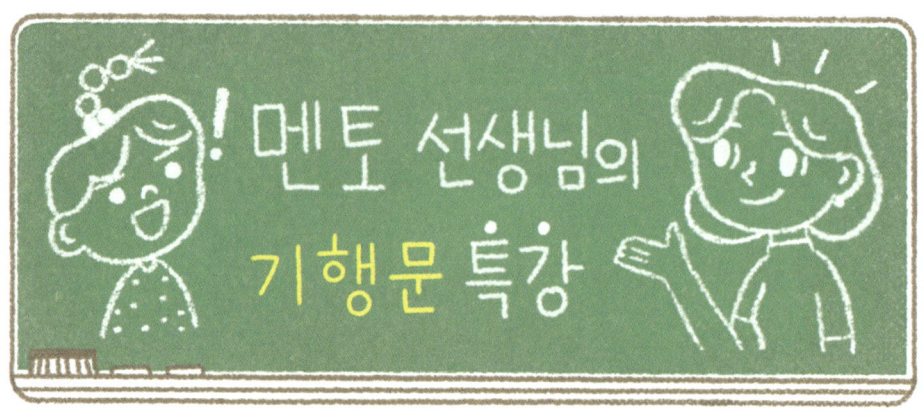

1. 기행문이란?

여행을 하면서 보고, 듣고, 겪은 일과 느낌 등을 쓴 글이야. 여행한 곳의 자연환경과 풍속, 생활 모습 등이 잘 나타나 있어. 우리나라의 《왕오천축국전》(신라시대, 혜초), 《열하일기》(조선시대, 박지원)와 하멜의 《표류기》, 마르코폴로가 쓴 《동방견문록》 등은 모두 역사적 자료로 남은 기행문이야.

2. 이런 특징이 있어!

- 시간의 차례에 따라 여행한 과정이 나타난다(여정).
- 여행을 하면서 보고, 듣고, 겪은 일이 글의 소재가 된다(견문).
- 새로운 견문에 대한 글쓴이의 생각과 느낌이 나타난다(감상).
- 글쓴이의 개성이 분명하게 드러난다.

- 일기체, 편지글, 감상문 등 여러 가지 형식으로 쓸 수 있다.

3. 짜임새는 이렇게!

㉠ 처음 부분

여행의 동기나 목적을 쓰는 것이 일반적이다. 떠나기 전의 마음이나 분위기를 써도 좋지만, 너무 길게 쓰지 않도록 해야 한다.

㉡ 가운데 부분

여행한 차례에 따라 보고, 듣고, 인상 깊었던 장면에 대한 느낌이나 생각을 쓴다. 여행한 곳의 역사적 배경, 안내자의 설명, 그곳의 독특한 풍속이나 풍물 등을 함께 곁들이면 내용이 더욱 풍성해진다.

㉢ 끝부분

돌아올 때의 일이나 전체적인 느낌 등을 지루하지 않도록 알맞은 분량으로 쓴다.

4. 기행문을 써 보자!

㉠ 여행지에 대해 조사하기

아는 만큼 보인다는 말처럼, 미리 조사하면 계획적인 여행이 될 수 있다. 교통편, 자연환경, 역사적 배경, 유물이나 유적, 특색 있는 음식 등 다양한 내용을 찾아본다.

ⓒ 여행하며 중요한 내용을 기록하기

- 여행 중에 중요한 내용을 시간과 장소에 따라 차례대로 기록한다.
- 여행 중에 사람들과 나눈 이야기, 인상 깊었던 풍경 등을 기록한다.
- 안내 자료나 홍보용 책자를 수집하여 참고하고, 중요한 장면은 사진을 찍어 생생하게 기록한다.

ⓒ 여행이 끝난 뒤 글감 정리하기

여행에서 돌아오면 되도록 빨리 글을 쓰는 게 좋다. 그래야 더욱 생생하고 감동 있는 글을 쓸 수 있다.

㉣ 기행문을 쓰기 전에 먼저 얼개 짜기

- 언제, 어디로, 누구와 갔고, 여행의 목적은 무엇인지 기록한다.
- 느낀 점, 생각한 점, 배운 점은 무엇인지 정리한다.
- 인상 깊었던 일과 특히 재미있고 즐거웠던 일은 무엇인지 꼽아 본다.

팔공산 갓바위를 다녀와서

김광현(6학년)

　우리 가족은 팔공산 갓바위를 보러 가기로 했다. 아빠 차를 타고 가면서 본 단풍 든 모습은 무척 아름다웠다. 차창 밖 풍경을 구경하면서 가다 보니 어느새 해인사가 있는 가야산 주차장에 도착했다. 벌써 관광객들로 붐비고 있었다.

　우리는 차를 주차하고, 팔공산 '갓바위'라고 불리는 부처님을 보러 올라갔다. 엄마는 부처님 머리 위에 갓 같은 납작한 돌이 있어서 갓바위라고 부른다고 설명해 주셨다.

　그곳으로 가는 사람들이 우리 말고도 많이 있었다. 길가 상점마다 향, 초, 기념품 등을 팔아서 자꾸 눈길이 갔다. 처음에는 금방 도착할 것 같았다. 그런데 다리가 아플 때까지 걸었는데도 조금 더 가야 한다고 했다. 다리에 힘이 빠지고 숨이 찼다.

우리 곁으로 할머니 할아버지들이 열심히 올라가고 있었다. 아빠가 나를 보는 눈이 저 분들 안 보이냐고 하는 것 같았다. 다시 힘을 내서 올라갔다. 얼마 뒤 아래를 보니 아찔했다. 그만큼 높이 올라온 것이다.

산은 온통 단풍으로 울긋불긋했다. 말로 표현할 수 없을 정도로 아름다웠다. 아빠는 다시 힘내자고 하셨다. 우리는 서로 등을 밀어 주면서 올라갔다.

드디어 갓바위에 도착했다. 다리가 아파도 포기하지 않은 것이 보람 있었다. 정말로 부처님 머리 위에 납작한 돌이 있었다. 어떻게 바위를 저렇게 다듬었는지, 신기했다. 부처님께 예의를 갖추자는 아빠의 말에 우리는 절을 했다. 나는 공부를 잘하게 해 달라고, 건강하게 해 달라고 빌었다.

돌아오는 길에도 갓바위 부처님 모습이 떠올랐다. 아빠는 어떤 소원을 빌었냐며, 부처님이 꼭 들어줄 거라고 했다. 힘들어도 포기하지 않는 모습을 부처님이 좋아할 거라고 하셨다. 정말 그랬으면 하는 소망이 생겼다.

경복궁을 다녀와서

　우리 모둠은 경복궁 답사를 하기로 했다. 3호선 지하철을 타고 경복궁으로 가는 동안 조선시대 왕들에 대해 이야기를 했다. 나는 세종대왕이 떠올랐다. 한글이 배우기 쉬운 과학적인 문자여서 우리나라는 글을 읽지 못하는 사람이 거의 없다고 한다. 세종대왕님이 훈민정음을 만들어 주신 덕분이다.

　얼마를 가다 보니 경복궁에 도착했다. 경복궁은 지하철역에서 가까워서 찾기 쉬웠다. 서울 시내에서 조선시대 궁궐을 볼 수 있다니 놀라웠다.

　경복궁에는 한복을 입은 관광객들이 많았다. 외국 관광객들은 궁궐을 보며 원더풀 원더풀 하며 감탄을 했다. 우리는 해설사 선생님을 따라갔다. 우주가 해설 관람을 신청해 놓은 덕이었다.

　해설사 선생님이 경복궁에 대해 설명해 주었다. 현판이 한자로 되어 있어 설명을 듣지 않으면 무슨 뜻인지 몰랐을 것이다. 나는 궁궐 답사에 대해 쓰기 위해 열심히 메모를 했다.

경복궁은 사적 제117호로 조선의 정궁이다. 이성계가 한양을 도읍으로 정하고 세운 것으로, 그의 신하 정도전이 《시경》의 '왕조의 큰 복을 빈다'는 구절에서 따 이름을 지었다.

경회루는 외국 사신의 접대와 연회를 베풀던 곳으로 현재의 건물은 1867년(고종 4년)에 다시 지은 것이다. 교태전은 왕비의 침전이었다. 다른 말로 '중궁전'으로도 불렀다. 1395년(태조 4년)에 지은 근정전은 임진왜란 때 불타서 1867년 새로 지었다.

근정전은 2단으로 된 월대 위에 자리하며, 월대 주위의 돌난간에 새겨진 12지상은 수호의 의미가 있다. 사정전은 근정전 뒤 사정문 안에 있는 건물로 임금이 평상시에 머물며 나랏일을 보던 곳이다.

이 밖에도 자미당 터에 조대비를 위해 건립한 자경전이 있었다. 자경전에 연결된 십장생 굴뚝이 눈길을 끌었다.

집옥재는 경복궁 건청궁 안에 있는 전각이다. 원래는 창덕궁 함녕전의 별당으로, 1888년 고종이 창덕궁에서 경복궁으로 거처를 옮기면서 함께 옮겨 왔다, 향원정은 연못인 향원지 안에 세워진 정자이다.

경복궁은 긴 세월동안 여러 차례 화재가 나서 복구가 거듭되었다. 일제강점기에는 일본이 원래 건물을 해체하는 등 본래 모습을 잃으며 수난을 겪었으나 1996년 옛 조선총독부 건물을 철거하면서 일부가 복구되었다. 지금도 곳곳에서 복구를 위한 노력이 계속되고 있다. 경복궁은 다양한 국보·보물급 건축물과 석조문화재를 보유하고 있는 우리의 자랑스러운 문화유산 중 하나이다.

    해설사 선생님을 따라 다니며 설명을 들었지만, 궁궐이 넓어서 찬찬히 여유를 갖고 볼 수 없어서 아쉬웠다. 다음에 가면 찬찬히 둘러보고 와야겠다고 다짐했다.

⭐ 슬비의 한마디 ❗

궁궐 체험은 예상보다 즐거웠어. 지금 우리가 사는 곳과 많이 다른 풍경이 신기했고, 거기서 생활하는 옛날 사람들을 상상하는 것도 재미있었거든. 찾아보니 정보가 어마어마했는데, 실제로도 궁궐이 너무 넓어 다 보지 못했어. 다음에 방문하면 또 다른 내용으로 기행문을 써 봐야겠어.

찬성이냐 반대냐

"자, 오늘은 토론에 대해 배울 거예요. 어떤 주제로 이야기해 볼까요?"

선생님이 아이들을 둘러보며 물었다.

"친구의 별명을 불러도 좋은가요?"

창대가 말하자 아이들이 쿡 웃었다. 창대의 별명은 창문이었다.

"좋아요. 또 발표해 봐요."

슬비는 월요일이라 자리를 바꿔서 같은 모둠이 된 창대와 우주를 신경 쓰랴, 토론 주제로 무엇이 좋은지 생각하랴 마음이 바빴다. 힐끗 창대를 보니 우주를 보며 싱글거리고 있었다.

"선생님, 초등학생이 남자 친구나 여자 친구를 사귀어도 될까요?"

다른 모둠에서 발표를 했다. 좀 장난스러운 목소리에 아이들이 야유를 보냈다.

"우우……!"

"그것도 토론 주제가 될 수 있겠는데."

선생님이 소란을 잠재우자 우주가 손을 들고 말했다.

"초등학생이 화장을 해도 되나요?"

"그것도 괜찮은걸."

토론 주제

1. 친구의 별명을 불러도 좋은가?

2. 키가 큰 사람이 꼭 뒷자리에 앉아야 하는가?

3. 먹기 싫은데도 영양가 많다는 이유로 꼭 먹어야 하는가?

4. TV 프로그램에 나오는 말을 흉내 내도 되는가?

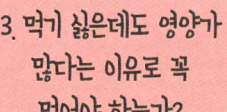

선생님이 각각 아이들이 발표한 주제를 칠판에 썼다. 그 뒤로도 여러 가지 토론 주제가 나왔다.

"이 중에서 하나를 선택해서 다음 주에 토론할 거예요. 모둠별로 미리 토론 준비를 하도록 해요."

수업이 끝나고 쉬는 시간, 우주가 눈을 반짝였다.

"우리 뭘로 할까?"

"난 별명으로 하고 싶은데, 어때?"

창대의 말에 우주가 슬비를 보았다. 어서 말해 보라는 뜻이었다.

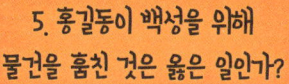

슬비는 어떤 것을 하더라도 토론이 어렵게 느껴져 어물쩍 대답했다.

"난 게임 시간도 괜찮고, 화장도 괜찮아."

"그러면 '초등학생의 게임 시간제한이 옳은가?'로 하는 게 어때? 다른 주제들보다 찬성과 반대로 나누어 토론하기 좋잖아."

우주의 말에 창대도 좋다고 했다. 아이들은 서로 다른 의견으로 벌써부터 와글거리기 시작했다.

"난 반대야. 그렇게 재미있는데 무조건 시간을 제한하다니 정신적인 고문이라고."

"난 찬성이야. 그러다 중독되는 거지. 정신 차려라."

"하지 못하게 하면 더 하고 싶어지잖아. 그래서 난 시간제한은 반대야."

슬비도 생각해 보니 게임을 많이 하면 공부하는 시간을 많이 빼앗길 것 같은데, 그렇다고 무조건 시간제한을 하면 더 하고 싶어질 것 같기도 했다.

'토론은 정말 복잡해!'

슬비는 머리를 저었다. 하지만 우주 말대로 찬성과 반대로 나누어 토론하기 딱 좋은 주제인 건 분명했다. 다른 아이들도 같은 생각이라 모두 머리를 맞대고 찬성과 반대 근거를 찾아 토론문을 정리하기 시작했다.

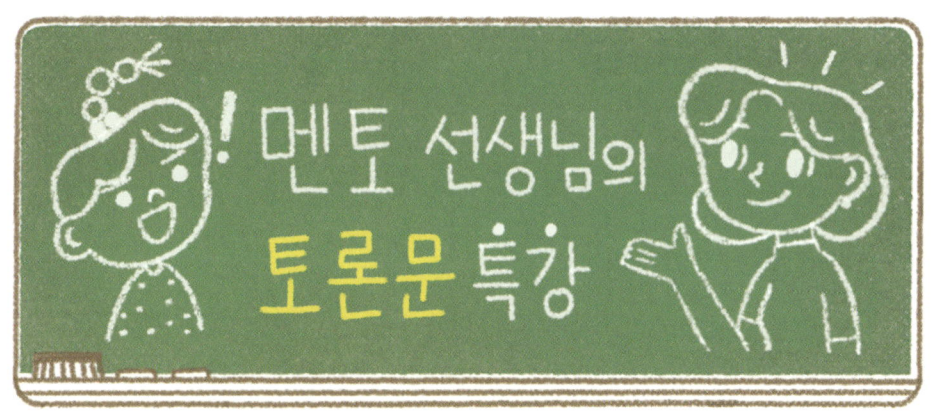

1. 토론이란?

한 가지 문제에 대해 찬성하는 생각과 반대하는 생각을 가진 사람들이 동등하게 의견을 나누는 것을 말해. 관련된 정보와 지식을 체계적으로 정리한 뒤 설득력 있는 논조로 자신의 주장을 펼쳐, 나와 다른 사람의 마음을 움직이기 위해 하는 것이지. 궁극적으로 나의 견해에 동의하도록 하는 데 그 목적이 있단다.

2. 토론을 잘하려면?

- 토론은 반드시 토론할 준비가 되어 있는 사람과 해야 한다.
- 자신의 입장만을 고집하는 것이 아니라 상대방의 근거에 대해 귀를 기울이고, 정당한 근거에 대해서는 기꺼이 받아들여 자기주장의 부당함을 인정할 수 있어야 한다.

- 다른 사람의 생각이 자신의 생각과 다르다고 해도 주의 깊게 듣고, 자신의 생각이 잘못임이 드러나면 생각을 바꿀 수 있어야 한다.

3. 토론 전개의 방법과 절차

- 1단계(문제 인식) : 문제(안건)를 잘 알고 문제(안건)에서 벗어나지 않기
- 2단계(주장) : 문제(안건)에 대한 자신의 의견을 먼저 밝히기
- 3단계(근거) : 자신의 주장에 대한 타당한 이유를 찾기
- 4단계(설명) : 자신의 의견과 근거가 어떤 의미인지 추가 설명
- 5단계(반론 예상 및 꺾기): 상대방의 입장이 되어 생각해 보고 설득하기
- 6단계(예외) : 예외적인 부분에 대해서 말하기

4. 토론문의 예시

오늘 우리가 토론할 주제는 _____ 입니다. 저는 이 주제에 대해 (찬성 / 반대)합니다. 왜냐하면 _____ 이기 때문입니다. (예를 들어 / 다시 말해 / 그렇지 않다면) _____ 입니다. 물론, (찬성 / 반대)하는 입장에서는 _____ 할 수 있을 것입니다. 그렇지만 저는 _____ 라고 생각합니다. 단, 예외적으로 _____ 를 고려해야 합니다.

우리가 함께 쓴 글

토론 주제 : 초등학생의 게임 시간제한은 옳은가?

1. 주장 펼치기

지금부터 '초등학생의 게임 시간제한은 옳은가?'라는 안건으로 토론을 시작하겠습니다. 저는 토론의 사회를 맡은 ○○○입니다. 먼저 찬성편이 주장을 펼치겠습니다.

초등학생의 게임 시간은 제한해야 합니다. 나이가 어릴수록 게임에 중독될 확률이 높기 때문입니다. 각종 뉴스나 신문 보도에서도 이러한 소식을 많이 접할 수 있습니다.

게임 시간을 제한하자는 것이지 게임을 전혀 못하게 하는 것이 아니므로 무리한 제안이 아닙니다. 저의 개인적인 경험이나 주변 친구들에게도 이와 비슷한 의견을 들었습니다.

이어서 반대편이 주장을 펼치겠습니다.

시간을 제한하면 게임에 더욱 집착하게 될 확률이 높습니다. 어떠한 일이든 부족하게 되면 그것에 대한 갈망은 더욱 높아지기 때문입니다.

자유 선택 의지가 제한됩니다. 자유 선택 의지를 제한하면 부모님의 눈을 피해서 다른 방법으로 게임을 하려고 할 수도 있기 때문입니다.

`01:00`

이제 1분간 협의 시간을 갖겠습니다. 토론자들은 상대편의 주장과 근거에 대한 반론을 준비하여 주십시오.

2. 반론하기

`02:00`

상대편이 펼친 주장을 듣고 잘못된 점이나 궁금한 점을 말하고 이에 답하는 시간입니다. 먼저 반대편이 반론과 질문을 하고, 이에 대하여 찬성편이 답변하도록 하겠습니다. 시간은 2분입니다. 시작하여 주십시오.

게임 시간을 제한하자는 것이지 게임을 전혀 못하게 하는 것이 아니므로 무리한 제안이 아닙니다.

찬성편에서는 게임 시간 제한이 무리한 제안이 아니라고 하면서 자신의 경험과 주변 친구의 면담 내용을 사례로 들었는데, 몇몇 사람의 의견을 근거로 삼은 부분이 타당하지 않다고 생각합니다. 2~3명의 의견을 근거로 주장하는 것이 과연 타당할까요?

이번에는 찬성편이 반론을 펴고, 반대편에서 반박하여 주시기 바랍니다.

시간을 제한하면 게임에 더욱 집착하게 될 확률이 높습니다.

반대편에서는 시간제한이 결국 게임에 더 집착하게 만들 수 있다고 하였는데, 만약 게임을 제한하지 않고 무제한 자유를 준다면 왜 게임 중독이 발생할까요? 오히려 시간제한을 하지 않는 것이 더 많은 게임 중독을 일으키지 않을까요?

양쪽의 질문과 답변 잘 들었습니다. 1분간 협의 시간을 가지도록 하겠습니다. 양쪽은 토론 내용을 바탕으로 주장과 근거를 다시 정리하여 주시기 바랍니다.

 이제 토론의 마지막 단계인 주장 다지기입니다. 반대편이 먼저 발언하여 주시기 바랍니다.

시간을 제한하면 게임에 더욱 집착하게 될 확률이 높습니다. 또한 개인의 자유 선택 의지가 제한됩니다. 따라서 초등학생의 게임 시간제한은 옳지 않다고 생각합니다.

찬성편에서 "시간제한을 하지 않는 것이 더 많은 게임 중독을 일으키지 않을까요?"라고 말씀하셨습니다.

게임을 더 못하게 제한했다가 부모님과 대립하면서 더욱 게임에 집착한 사례들을 근거로 듭니다.

물론 시간을 제한하지 않아서 게임에 중독되는 경우가 있습니다. 하지만 게임을 제한하는 경우도 게임 중독은 발생할 수 있기 때문에 일부의 사례를 두고 전체로 생각해서는 안 된다고 생각합니다.

다음으로 찬성편에서 발언해 주시기 바랍니다.

나이가 어릴수록 게임을 하면 중독될 확률이 높기 때문입니다. 또한 게임 시간을 제한하자는 것이지 게임을 전혀 못하게 하는 것이 아니므로 무리한 제안은 아닙니다.

반대편에서는 몇몇 사람의 의견을 근거로 삼은 부분이 타당하지 않다고 하며 2~3명의 의견을 근거로 주장하는 것이 과연 타당한지 질문하셨습니다.

다시 한번 말하지만 게임을 아예 못하게 하자는 것은 아님을 분명히 합니다.

2~3명의 의견이 아닙니다. 실제로 한 육아 전문가는 방임은 또 다른 하나의 학대라고 말했습니다. 자유라는 이름으로 아이들에게 스마트폰을 마음껏 사용하게 하는 방치가, 결국 아이들이 스스로를 제어할 수 없는 스마트폰 중독에 이르도록 할 수 있다는 생각입니다.

 토론을 마치겠습니다. 모두 수고하셨습니다.

✨ 슬비의 한마디 !

토론문 쓰기는 다른 글과는 많이 달랐어. 나 혼자가 아니라
친구들과 함께 쓴다는 점이 말이야. 대화하는 동안
다른 친구들에 대해서도 더 알게 된 것 같아. 특히 우주에 대해서.
솔직히 말하면, 이전과 달리 우주에게 관심이 생기고 있어. 또 나 자신에
대해서도 전보다 많이 알게 되었지. 처음엔 우주에게 관심을
갖는 창대 때문에 글쓰기를 시작했지만, 지금은 아니야.

맺는 이야기
우리가 글을 쓰는 진짜 이유

 5월 5일, 어린이날이다. 더불어 백일장이 열리는 날이다. 슬비는 각오를 단단히 했다. 그동안 창대와 친한 우주를 얄미워하면서도 부러워했다. 이번 기회에 글짓기 상을 받아서 창대에게 실력을 보여 줄 것이다. 그러면 우주에 대해 너그러워질 테고, 창대와도 친하게 지낼 수 있을 것 같았다.
 "어서 가자."
 슬비는 엄마와 같이 백일장 장소인 망우리 방정환 묘소로 향했다. 먼저 온 아이들이 보였다.
 "우리나라 사람이면 방정환 선생님을 모르는 사람이 없을 거야.

그래서 백일장 참여도 많을 것 같아."

엄마가 주위를 둘러보며 말했다. 그때 우주와 눈이 마주쳤다.

"안녕?"

우주가 손을 들어 보였다. 긴장하는 모습이 하나도 없었다. 슬비는 그 모습조차 부러웠다. 멘토 선생님을 만나서 글을 지으면서 얼마나 실력이 늘었는지 모르지만, 여전히 자신 없어 긴장되었다.

"부담 갖지 말고, 좋은 경험한다고 생각해."

엄마가 슬비를 안심시켰다.

"과거시험 보는 것 같아요."

백일장에 참여한 누군가의 말이 들렸다. 그러자 엄마가 슬비에게 말했다.

"너, 과거시험 알지? 고려시대, 조선시대에 관리를 뽑는 시험 말이야. 임금님이 시제를 내리면, 그날을 위해 열심히 공부한 사람들이 그 자리에서 글을 지었지. 글을 짓는다는 것은 그만큼 넓고 깊게 생각해야 하는 일이지만, 그동안 너도 열심히 고민하며 연습했잖아. 그러니 마음 편하게 먹고, 시제가 나오면 차분히 생각한 뒤에 글을 시작해 봐."

엄마의 말에 슬비는 고개를 끄덕였다.

방정환 선생님 묘에 묵념을 한 뒤, 백일장이 시작되었다.

발표된 시제 네 가지는 '어린이날, 오솔길, 꿈, 방정환'이었다. 슬비는 백일장 원고지를 받고, 그중에 오솔길을 골랐다. 묘소로 가는 길을 생각하며 한 글자씩 써 내려갔다.

동시를 다 쓴 슬비는 원고지를 제출했다. 백일장 심사가 진행되는 동안 방정환 선생님 작품을 낭독하는 시간을 가졌다. 낭독에 귀 기울이고 있었는데 어느덧 백일장 심사 발표를 한다고 했다.

입선부터 발표를 했다. 슬비는 제발 상을 받게 해 달라고 속으로 빌었다. 가슴이 두근거렸다. 입선 시상식에서 상장과 선

슬비는 이렇게 썼어

No.

오솔길

남촌초 5 - 2
남슬비

어린이를 사랑하는
방정환 선생님
선생님 묘소로 가는
오솔길에
종종종 피어 있는 제비꽃들
선생님 마음 닮아
우리들이 잘 자라라고
응원하는 것 같다.

물을 받고 싱글벙글하는 아이가 있었고, 조금 아쉬워하는 아이도 보였다. 슬비는 장려상을 받았다. 창대에게 수상 소식을 전하고 싶어 바로 전화를 걸었다.

"너도 하면 되는구나. 대단하다!"

창대의 말에 슬비는 최우수상이라도 받은 것 같은 기분이 들었다.

"장려상이야."

"그게 어디냐? 난 글 잘 쓰는 애들이 엄청 부럽더라. 나는 글을 잘 못 쓰거든."

"너도 글로 노는 모임에 들어와 봐. 즐겁게 글짓기를 할 수 있는 곳이거든. 너도 잘 쓸 수 있을 거야."

"정말 그럴까?"

창대의 말에 슬비는 마음이 넉넉해지는 것 같았다. 창대와 같이 다니게 되면 글노모 가는 날이 더욱 기다려질 것이다.

슬비는 글노모에서 글을 쓰면서 즐겁고 행복했던 기억을 되살려 보았다.

'우리가 글을 쓰는 진짜 이유는 행복해지기 위해서야!'

우주는 우수상이었다. 우주가 선택한 시제도 슬비처럼 오솔길이었다.

오솔길

남촌초 5-2
한우주

초롬초롬 피어서
눈길 머물게 하는
할미꽃, 제비꽃

할미꽃 옆 풀꽃
제비꽃 뒤 풀꽃

내 친구 옆 그 아이
내 친구 뒤 그 아이

풀꽃 같은 친구
생각나는 길

슬비의 한마디

우주는 사물을 보고 친구를 떠올렸어. 그래서 읽으면 그림이 그려질 정도로 이미지가 선명해서 좋았어.

백일장 시상식이 끝나자, 자원봉사자들이 바닥에 있는 쓰레기를 정리하고 있었다. 슬비도 쓰레기를 주워 쓰레기봉투에 넣었다.

그때 저쪽에서 우주가 다가왔다.

"축하해. 역시 너야!"

슬비가 먼저 말을 건넸다.

"난 부모님 모두 직장을 다녀서 집에 혼자 있는 시간이 많아. 그때마다 책이 친구가 되어 주었어."

"아, 책!"

슬비는 독서왕 우주를 떠올렸다.

"책을 읽다가 심심해지면 그림을 그리거나 공책에 낙서하듯이 글을 썼는데, 엄마가 보더니 놀라는 거야."

"왜?"

"내가 쓴 글이 마음에 들었나 봐. 잘 썼다고 하면서 작가 같다고 해 주셨어. 그 말이 힘이 되어서 계속 책을 읽고 글을 쓰게 되었지."

"그래서 글쓰기에 관심이 생긴 거구나."

"맞아! 엄마의 칭찬이 날 춤추게 한 거야."

슬비는 행복해 보이는 우주가 좋아 보였다.

"나는 네 덕에 글쓰기가 좋아지고 있어."

슬비가 웃으며 말하자 우주가 쓰레기봉투의 다른 쪽을 잡으며 대답했다.

"그 말도 듣기 좋은걸."

우주가 싱긋 웃자 슬비도 함께 웃었다. 슬비의 말은 진심이었다. 처음에는 창대에게 단짝을 빼앗기는 느낌이 들어 시작했지만, 책을 읽고 글을 쓸수록 새록새록 재미가 커졌다. 생각을 하고 마음을 돌아보는 일도 뿌듯했다.

슬비는 우주와 헤어져 엄마와 집으로 향했다.

"우리 딸, 열심히 읽고 쓰더니 백일장에서 상도 받고 대단하구나."

엄마가 칭찬을 했다.

"엄마, 글을 잘 쓰는 방법은 많이 읽고, 많이 생각하고, 많이 써 보는 거예요. 거기에 하나 더 있어요."

"그게 뭐니?"

"열심히 했다고, 잘하고 있다고 칭찬해 주는 응원의 말이 필요해요."

그러자 엄마가 슬비의 등을 토닥여 주었다.

"우리 딸 정말 잘했어. 잘하고말고."

"고마워요. 엄마의 말이 힘이 돼요."

슬비는 반짝이는 트로피를 보며 웃었다.

초판 1쇄 발행 2022년 3월 14일

지은이 함영연 | **그린이** 김혜령
펴낸이 윤상열 | **기획편집** 염미희 최은영 | **디자인** 나비 | **마케팅** 윤선미 | **경영관리** 김미홍
펴낸곳 도서출판 그린북 | **출판등록** 1995년 1월 4일(제10-1086호)
주소 서울시 마포구 방울내로11길 23 두영빌딩 302호
전화 02)323-8030~1 | **팩스** 02)323-8797 | **이메일** gbook01@naver.com | **블로그** greenbook.kr

ISBN 978-89-5588-407-4 73800

ⓒ 함영연, 김혜령 2022
이 책의 전부 또는 일부를 이용하려면 저작권자와 그린북의 서면 동의를 받아야 합니다.

어린이제품안전특별법에 의한 표시
품명 어린이 도서 **제조국** 대한민국 **사용연령** 7세 이상 **주의사항** 책 모서리에 다치지 않도록 주의하세요.